U0863506

PRIVATE ECONOMY DEVELOPMENT

2019年 民间投资与民营经济发展重要数据分析报告

大成企业研究院 编著

PRIVATE INVESTMENT

中华工商联合出版社

图书在版编目(CIP)数据

2019年民间投资与民营经济发展重要数据分析报告 / 大成企业研究院编著. -- 北京 : 中华工商联合出版社, 2020.7

ISBN 978-7-5158-2657-8

Ⅰ. ①2… Ⅱ. ①大… Ⅲ. ①民间投资–研究报告–中国–2019②民营经济–经济发展–研究报告–中国–2019 Ⅳ. ①F832.48②F121.23

中国版本图书馆CIP数据核字(2020)第088469号

2019年民间投资与民营经济发展重要数据分析报告

作　　者：大成企业研究院
出 品 人：李　梁
图书策划：李红霞
责任编辑：孟　丹
装帧设计：周　琼
责任审读：李　征
责任印制：迈致红
出版发行：中华工商联合出版社有限责任公司
印　　刷：北京毅峰迅捷印刷有限公司
版　　次：2020年8月第1版
印　　次：2020年8月第1次印刷
开　　本：710mm×1000mm　1/16
字　　数：210千字
印　　张：14
书　　号：ISBN 978–7–5158–2657–8
定　　价：69.00元

服务热线：010–58301130–0（前台）
销售热线：010–58301132（发行部）
010–58302977（网络部）
010–58302837（馆配部）
010–58302813（团购部）
地址邮编：北京市西城区西环广场A座 19–20层，100044
http://www.chgslcbs.cn
投稿热线：010–58302907（总编室）
投稿邮箱：1621239583@qq.com

编 委 会

大成企业研究院简介

大成企业研究院是一家独立研究机构，2014年创立，主要关注中国民营经济发展战略性、前瞻性和实效性问题。研究院由第十、十一届全国政协副主席，全国工商联原主席黄孟复先生和中央统战部原副部长胡德平先生倡导创办。以研究院为平台，聚集一批有思想、有成就、有责任感的企业家，以在经济第一线企业的视角和思维方式，联合有理论造诣的专家学者，从理论到实践研究中国民营经济发展情况，对经济社会发展提出政策建议，为推进我国全面深化改革提供智慧。

大成企业研究院的理事会主要由企业家组成，执行团队中有长期从事宏观政策、民营经济和企业战略研究的专家，有长期从事工商联工作经验丰富的专家，有长期在政府部门工作的前官员。研究院在研究课题、政策建议、联络企业家及组织活动等方面具有较大的优势。

Introduction of Dacheng Enterprise Institute（DEI）

Dacheng Enterprise Institute（DEI）is an independent research institute that was sparked and founded by Mr. Huang Mengfu and Mr Hu De Ping in the year of 2014.Huang is the Vice-Chair of the 10th and 11th CPPCC（Chinese People' s Political Consultative Conference）and Former Chairman of ACFIC（All-China Federation of Industry and Commerce）. Hu is the Former Vice Minister of United Front Work Department of CPC Central Committee.

DEI is mainly focused on studying strategy, prospect and effectiveness in the development of China' s private economy. As a research institute, DEI gathers a group of resourceful, respectful and experienced entrepreneurs, along with numerous accomplished specialists and scholars. They are committed to study China' s private economic both theoretically and practically. The aim of Dacheng Enterprise Institute is to provide political suggestions in relation to the reform of the economic system and the modernization of state governance.

The Committee of DEI is composed of experienced entrepreneurs; and the Executive Team of DEI consists of not only specialists who have long been engaged in the fields of macro policy, private economy and corporate strategies, but also ACFIC professors and former officers who are rich in relevant experiences. Therefore, Dacheng Enterprise Institute is endowed with great advantages in subject research, policy proposal, interaction among entrepreneurs and seminar organisation.

摘　要

民企政策环境：2019年，国家出台了一系列深化经济体制改革、促进经济发展的政策，数量最多的也最受关注的是为落实习总书记在民营企业座谈会上的讲话精神，中央和地方相继出台的一系列配套政策和措施。其中比较有代表性的是：10月23日国务院发布的《优化营商环境条例》和12月4日中共中央、国务院发布的《关于营造更好发展环境支持民营企业改革发展的意见》（简称“民营经济28条”）。

民企营商环境：2019年，中国经济仍处在较高景气区间，“放管服”改革不断推进，营商环境持续改善，在全球排名实现高位提升。但中国营商环境相较国际一流水平仍存在一定差距，市场主体还面临着一些现实问题，营商环境仍需进一步优化，特别是在打破所有制歧视，缓解民营企业融资难题，减轻企业负担，营造有利于民营经济发展的法治环境等方面，还需要进一步加大工作力度。

民间投资增长：2019年以来，受国际大环境变化和经济转型发展影响，固定资产投资增速放缓，民间投资增速整体回落。1–12月民间投资311159亿元，增长4.7%，增速较2018年年底回落了4个百分点。

民营工业发展：2019年，我国规模以上工业营收总额和利润总额增速持续下滑，特别是利润总额，各月累计同比增速均为负值。分经济类型看，除1–2月，私营工业企业其余各月累计同比增速均为正值，但增速呈下降趋势，1–12月累计同比增速仅为2.2%，而国有控股工业企业及港澳台投资企业增速则仅为–12%和–3.6%。

民企税收贡献：2018年1–11月，民营企业累计税收收入90144.59亿元，占全部税收收入的56.4%，较上年同期提高3.9个百分点。民营企业税收收入较上年同期增加13474.38亿元，占全部税收增加额的96.2%。民营企业增值税和企业所得税增加额均超过全部增值税和所得税的增加额，对增值税和企业所得税增长贡献率大于百分之百，完全弥补了国有及国有控股减收的负面影响。

民企外经外贸：2019年我国进出口表现不振，1–11月进出口总值4.14万亿美元，较去年同期减少1030.5亿美元；民营企业贡献了进出口的全部增量，占比进一步提升，进出口占比和出口占比均超越外资企业和国有企业。在对外投资方面，2018年全球外国直接投资总量萎缩，中国企业对外投资亦趋于理性，结构和质量得到优化，开放水平得到较大提升。

民企工资增长：受民间投资增速下降影响，2018年私营企业员工平均工资水平虽然明显上升，同比名义增长率达8.3%。但自2015年起，私营单位的工资增长率始终低于非私营单位，2018年私营单位平均工资为非私营单位的60.2%，两者的收入差距呈扩大态势。

民企最强500：2019年，在世界知名企业排行榜中，中国企业上榜数量继续保持增长态势，但从上榜中国企业的所有制结构来看，大型企业中国有及国有控股企业在数量和规模上仍然占据绝对优势。尽管上榜民营企业的资产、营收规模不断增大，但与往年相比，增速有所放缓。

民企上市公司：1990年中国A股市场开始正式建立。经过20多年来的改革发展和经验积累，A股市场已取得了举世瞩目的成就。截至2018年11月，沪深两市上市公司总数达到3560家（剔除已退市企业），总市值为52.70亿元。随着近年来A股市场新股发行常态化，民营企业的占比在逐步提高，民营企业数量在A股全部上市公司中占比为61.2%。2018年以来，民营企业收入增速加快，但企业净利润增速放缓，同时市值和股价出现大幅下滑的问题。

领先发展民企：2018年前10个月中国风险投资额以创纪录的938亿美元领跑全球；截至2019年中国在电子商务、物流、媒体和娱乐、软件以及新能源汽车这几个行业诞生了世界最多的独角兽企业，2019年7月启动的中国股市“科创板”造就了一批独角兽企业。越来越多的创新型领先企业将强力引领中国走向高质量发展，用富有活力的市场来完成对经济结构的调整，带动整体产业转型升级。

民企收购兼并：2019年，在金融去杠杆、企业融资难、中美贸易摩擦等大环境下，并购市场交易热度持续走低，整体明显回落。国内市场方面，从2019年前11个月数据来看，并购案例数和金额比2018年同时期都有大幅回落。海外市场方面，各类别投资者在海外的投资金额明显减少，国有企业在海外投资数量达到了近10年来的最低值。

民企富豪榜单：2019年，我国经济经历阵痛，企业总体财富有一定程度的缩水；这一现状反映在各大财富榜单当中是亿万富豪人数较往年有所减少，财富总额和人均财富也有所下降。但可喜可贺的是，依然有较多的新锐企业家首次进入榜单，其中不乏创新型企业。榜单显示民营企业经营状况有喜有忧，但整体向着高质量发展的目标前进。

民企公益慈善：2019年，我国公益慈善事业成绩斐然，在捐款总额、捐款人数等方面创下多个历史记录，强烈反映出我国公众和企业对于慈善事业的深刻认同，全社会慈善救助意识不断提升。民营企业作为慈善事业的主力表现极为突出，据福布斯和胡润研究院各自发布的慈善榜单，2019年的上榜门槛和捐赠额都较上一年有所提高，反映出民营企业在公益慈善领域的杰出贡献和突出进步。

问题民营企业：2019年，随着民营经济的快速发展，民营企业数量大幅度增加，民营企业家与投资者人数大量增加，民营企业爆发潜在刑事风险的可能性水涨船高。统计数据表明，民营企业家所触犯的罪名范围与频次均高于国有企业家，民营企业家所面临的刑事风险概率也高于国有企业家。在这样的大背景下，2019年国家出台一系列相关政策，以健全民营企业法治环境、促进民营企业规范健康发展。相关研究也指出，应对民营企业刑事风险，唯有以刚性的制度来约束企业犯罪，才能防微杜渐。

民企期盼政策：2019年，民营企业家期盼切实减轻企业税费负担、提高金融服务实体经济能力、扭转重行政手段轻市场机制、贯彻“竞争中性”原则、推行政商关系“正面清单”、贯彻“罪刑法定、疑罪从无”原则、完善和发展基本经济制度、建立监察机制促进中央政策落实、降低民营企业各类风险等。

目 录

导 言

认清新时代新形势　提高风险防控能力

黄孟复

中国民营企业家的双眼应该紧盯着两个方面，第一要盯着国内外形势变化和政府的政策变化，第二要盯着自己企业内部方方面面的问题，包括企业的发展战略、人才配置和企业风险，等等。

（一）认清新时代新形势：国内外市场供大于求、生产要素权重改变、增长动力转向内需、增速放缓成为常态

民营企业要密切关注着国内外的形势变化，因为这对企业相当重要。当前最大的形势变化是什么？我认为，最大的新形势就是新时代的来临，但这新时代究竟是怎么回事？与过去几十年的区别是什么？

新时代的第一个特征是人民日益增长的物质文化需求与社会供应之间的不平衡。过去中国的主要矛盾是人民日益增长的物质文化需要同落后的社会生产之间的矛盾，这是关于过去社会主要矛盾的理论论述，即生产力的发展赶不上人民日益增长的对物质文化生产的需求，市场处于供不应求的阶段，那时的粮票、油票、糖票、布票都是生产力不足的产物。而当下全国进入的这个新时代，是与过去几十年不同的，新时代人民的物质文化需求与社会生产力出现了另一种不平衡，

即供大于求的不平衡，在当下这个时代，金钱可以购买到一切生活所需的基本物品。对于企业而言，过去中国是世界工厂，生产产量巨大，在国内卖不出去的产品，可以出口到国外，而在新时代国内没有销路的产品在国外也难以售出，供给侧结构性改革的任务就这样摆在我们面前。过去几十年来企业通过扩大产能，抢占市场占有率的经营策略已经行不通了。

新时代的第二个特征是社会生产要素的权重发生变化。过去制约生产力发展的要素主要是资源、廉价劳动力、土地、资金；2008年金融危机给全世界都敲响了警钟，全世界都在逐渐调整发展模式，随着技术的发展和生产力的提高，生产要素的权重已经发生了变化。首先是21世纪的信息革命，使得信息成为生产要素中非常重要的一项，以前的市场构成较为简单，基本以生产和销售两个部分组成，新时代的市场则出现了许多新的生产要素，例如信息、层出不穷的新技术、高端人才，这些生产要素在我们这个时代的权重极大，土地、廉价劳动力、资源已经不能满足新时代生产力发展的需求，不再是最主要的生产要素。因此，过去几十年企业的经营模式在新时代行不通，就是由于生产要素权重的改变。

新时代的第三个特征是国际形势的变化。从经济学的角度来讲，在经济增长的三驾马车（投资、消费、出口）中，过去我国主要依靠的是投资和出口，投资主要分为两个方面：一是为满足建成世界工厂和实现城镇化所需要的基础设施投资，二是对制造业的大量投入，建造工厂，生产出巨大产值的商品，并出口到全世界。在我国经济增长三驾马车中，投资和出口曾长期高速增长，而消费的增长比较缓慢。中国经济增长的重点就在于通过国内大量投资，极大地提高了产能，从而增大出口，拉动经济增长，但过去的这种增长模式和驱动经济的动力在新时代已经逐渐弱化了。根据国家统计局的数据，2006—2016年，全国固定资产投资平均增速19.3%，全国出口额平均增速10.6%。随着我国投资和出口的增速逐年放缓，2017年、2018年和2019年上半年投资增速分别是7.2%、5.9%和5.8%；2017年、2018年出口增长分别是7.9%、9.9%，2019年上半年出口增长仅为0.1%，而我国经济新的增长动力已经逐渐由投资和出口转向内需，发展模式由粗放型转向高质量发展。因此，我国的当务之急是提高产品的质量和知识含量。近年来，电器类产品出口的增加、鞋帽类商品出口的减少就体现出了增长动力的变化。

新时代的第四个特征是我国经济增长速度长期放缓，已经从两位数的增长下降到6%，在当前这较为困难的时期，能把经济增速保持在6%就相当不容易，需要付出极大的努力，未来的趋势也是如此。但6%的经济增速对于民营企业而言就意味着市场容量的大幅下降、各方面需求的剧烈变化，民营企业能否适应未来长期在6%左右的增速，这是各位企业家要考虑的。

（二）民营企业家要善于分析政府制定的政策和方向

中国特色社会主义市场经济是政府发挥很大作用的经济模式，政府制定的政策对民营经济的发展至关重要，从我国的发展历程来看都是如此。民营企业家对中国特色市场经济必须要有清楚的认识，既要能够分析政府制定的政策和方向，也要对政策的落地进展进行评估，在这个基础上决定企业的发展战略。因为一项政策或一个方向的落地并不是一朝一夕的事情，所需要的时间取决于各级政府采取相应措施的力度和深度，可能需要三五年时间，甚至更久，也可能一两年就落地了。以上这些情况是其他市场经济国家所没有的，我们的民营企业家一定要认清中国的这一特色。

（三）民营企业要认清我国金融形势、积极应对融资市场结构失衡，资本市场长期不振所带来的风险

下面我想讲的是我国金融的总体形势和风险。强大的国有银行和民间资本共同构成了我国的金融体系，但我国金融体系的特殊性在于其呈现出的不平衡性。

首先是直接融资市场和以银行为中介的间接融资市场之间出现了巨大不平衡，我国的国有银行占全社会融资总额的比重高达80%以上，直接融资严重不足，金融业发展的极度不平衡使得银行业承担了太多在经济发展中本不应承担的职责，本应由直接融资市场承担的压力全都转嫁到银行身上，出现一些银行有钱贷不出去，或只愿意贷款给少数大企业的现象。相比较美国拥有庞大的直接融资市场，银行业占融资总额的比重不到50%，30%～40%的间接融资在美国就已经是很大的比重了。

我国金融业的第二大不平衡体现在以股市为代表的资本市场的长期乏力不振与中国经济发展之间的不平衡。美国股市从2008年的六千多点涨到现在的两万多点，我国股市却跌到三千多点，资本市场损失惨重，我国经济已经多年持续增长，但股市却没有反映出来。如果我们的股市能从现在的两千多、三千多点上涨到五千点，市值就会增长20多万亿元，直接流入实体经济。现在依靠政府来进行“放水”已经不能够让资金有效地流入实体经济了，资本市场崛起才能带动实体经济发展，但我国资本市场不涨反跌，一些企业原本是要通过上市来提振自身，上市后却遭遇劫难，这都是资本市场被挤压所产生的结果。民营企业家要从更宏观、更整体的角度来认清当前的金融形势，调整对金融系统的期望值，确定企业自身的发展方略。

（四）反思企业内部存在问题，加强自身防控和处置风险的能力

企业内部第一个需要排查的风险就是政商关系处理不当。前些年由于政府一些部门的权力太大，导致腐败现象严重，有许多民营企业家为了企业的生存和发展，不得不向一些官员行贿，这是历史遗留问题。我认为对企业的行贿要两分，一是为了得到本应该得到的要素资源而被索贿的，二是通过行贿得到本不应得到的要素资源，这是两种截然不同性质的情形，要区别对待。现在的反腐败行动非常彻底，不仅查处在任官员的腐败行为，对于过去曾经有腐败行为已经退休的官员也一律彻查，每每牵连出许多民营企业家，这些企业家往往是在几年甚至十几年前与被查处的官员有过关系的。目前对于企业来说，政府的权力仍旧很大，政商关系处理不当的风险依然存在。党的十八届三中全会提出资源配置要由市场起决定性作用，这一条的提出到现在已有五年多了，尽管国务院下了大决心来进行“放管服”改革，但政府把资源配置权交给市场，是一个艰难的改革过程，实施难度很大。我认为要真正落实至少还要十来年。

企业需要反思自身的第二个问题是风险防控，民营企业不仅要密切关注形势、政策、金融系统改革，还要盯着内部风险问题，尤其是金融风险：例如项目投资“十个杯子八个盖”（多个项目资金需求远大于能筹措到的资金）、“短贷长投”等现象，资金链绷得太紧就有可能断裂。当货币政策宽松时一些企业决策盲目乐观，大举借贷投资，当货币政策收紧时民营企业就会首当其冲，成为去杠杆的对象，导致一些民营企业经营困难甚至破产。因此，民营企业要谨慎投资，先完成现有项目，通过技术改造和产业升级对现有产业进行完善和提高，而对于新的项目要慎之又慎，尤其在政府放松资金时更要谨慎，这是民营企业必须

检讨和反思的。

不管困难再大、风险再大，中国民营企业的适应能力和学习能力都将不断提高，战胜当前的困难，继续保持中国经济和中国民营企业健康平稳发展。

概　述

中国经济稳韧有进　民营企业担纲中坚
重要指标反差矛盾　内含问题应当关注

——2019年民营经济形势简要分析

近年来，中国经济遭遇21世纪以来少有的外部矛盾严重冲击，但在经济强大内在韧性与经济政策有效应对的作用下，经济表现出稳中有进，增长速度仍远超世界平均水平，更是远超世界主要经济体水平。不过，在经济转型有困难与国际形势严峻多变的情况下，中国经济内在问题也明显扩大。一个突出表现是，部分重要经济数据明显下滑，有的还出现明显矛盾，其中可能内含严重问题，应当引起高度重视。

（一）中国经济稳韧有进，仍然担当世界经济火车头

从中国经济自身看，主要经济数据反映，中国经济是既韧、又稳、还进，总体呈现较好态势，仍然是当今世界经济发展的主要动力源，世界经济增长火车头的地位仍然突出。

1．2019年GDP同比增长6.1%。GDP增速连续17个季度保持在6.0%～7.0%，延续了平稳增长态势，经济展现很强韧性。

2．2019年固定资产投资同比增长5.4%。增速虽有所下降，但仍保持中高增速。（见图1，截自国家统计局）其中，高技术产业投资增长

17.3%，高技术制造业投资增长17.7%，高技术服务业投资增长16.5%，新经济动力不断增强。民生、环保、交通等短板领域投资不断发力，社会领域投资同比增长13.2%。生态保护和环境治理业投资增长37.2%。道路运输业投资增长9%。房地产开发投资同比增长9.9%。

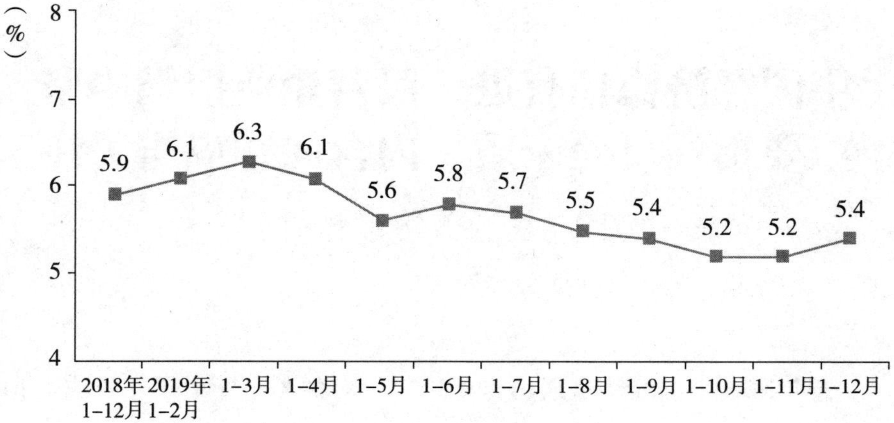

图1　固定资产投资（不含农户）同比增速

3．2019年工业增加值同比增长6.9%。（见图2，截自国家统计局）分三大门类看，采矿业增加值增长5.0%，制造业增长6.0%，电力、热力、燃气及水生产和供应业增长7.0%。其中装备制造业、高技术制造业增加值同比分别增长6.7%和8.8%。

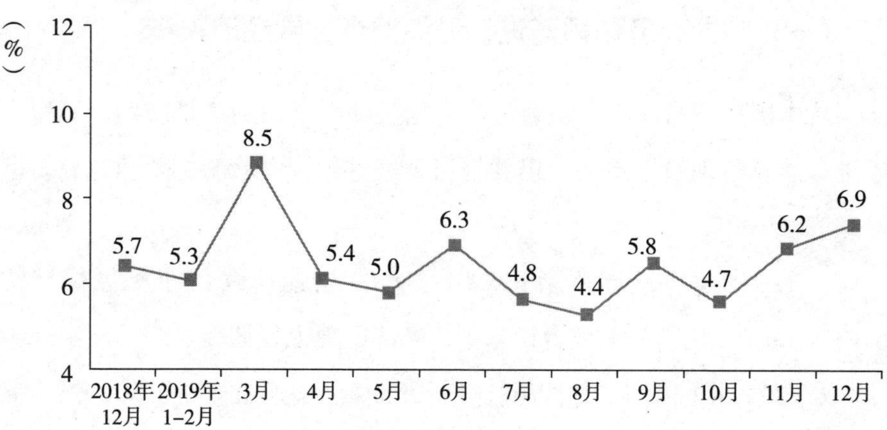

图2　规模以上工业增加值同比增长速度

4．2019年社会消费品零售总额名义增长8.0%。（见图3，截自国家统计局）其中，网上零售额16.5%。

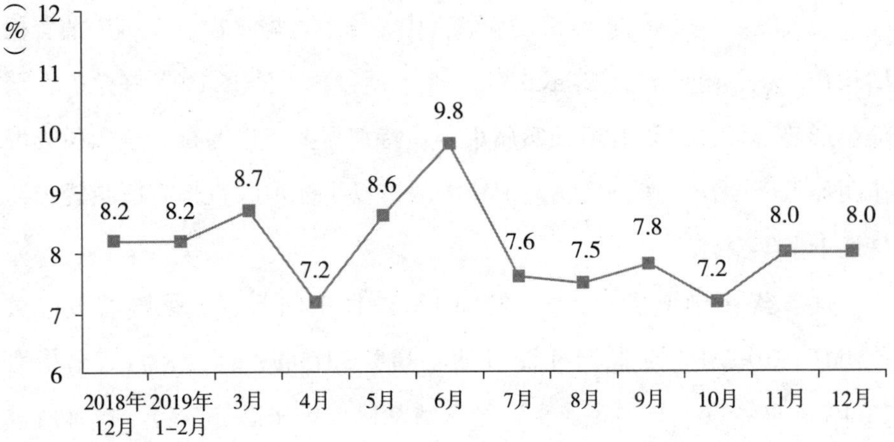

图3　社会消费品零售总额分月同比增长速度

5．2019年进出口总额315446亿元，比上年增长3.4%。其中出口增长5%，进口增长1.6%，贸易顺差29150亿元。从国际比较看，根据WTO最新数据，我国出口表现优于全球主要经济体，出口国际市场份额进一步提升。中国的国际市场布局更加合理均衡，对“一带一路”沿线国家进出口增长10.8%，对东盟进出口增长14.1%。

6．2019年1–11月外商投资1243.9亿美元，增长2.6%。其中，高技术产业实际使用外资2407亿元人民币，同比增长27.6%，占比达28.5%。高技术中的制造业实际使用外资834.3亿元人民币，同比增长5.7%。在外部经济矛盾扩大的情况下，外商投资继续保持增长，反映外商继续看好中国。

7．2019年全国城镇新增就业1352万人。完成全年目标任务的122.9%。12月份全国城镇调查失业率为5.2%，31个大城市调查失业率为5.2%，就业形势稳定。

8．2019年全年居民消费价格同比上涨2.9%，符合3%左右的目标要求。全国工业生产者出厂价格同比下降0.3%，购进价格下降0.7%，二者均由正转负。

9．2019年全国税收增长1.3%。其中，增值税增长1.6%，国内消费税增长17.5%，企业所得税增长5.7%，个人所得税下降25.1%。在全国普遍降税形势下，税收仍有增长实属难得。特别需要指出的是，全国税收增速明显低于GDP增速，反映整个经济的市场主体税收负担有所减轻，这是近十多年少有的。

10．经济预期仍然景气。2019年12月中国制造业采购经理指数（PMI）50.2%，非制造业商务活动指数53.5%，综合PMI产出指数53.4%。总体看，我国企业生产经营活动保持扩张态势，但步伐有所放缓。（见图4，截自国家统计局）

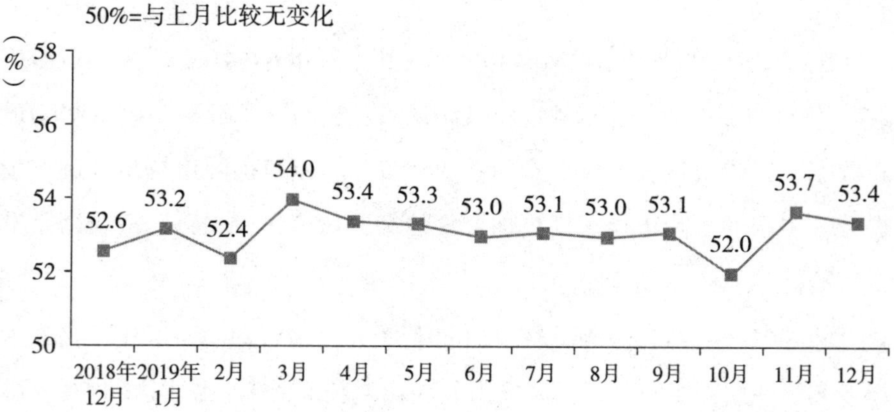

图4 综合PMI产出指数（经季节调整）

11．营商环境明显改善。世界银行《2020营商环境报告》正式发布，中国排名跃居全球第31位，相比去年提升15位。近两年中国营商环境世界排名大幅度提升。

（二）各类市场主体各自尽力，民营企业担纲增长中坚

面对国内经济转型困难，国际经济压力空前，我国各类市场经济主体积极应对，各自尽最大努力，做出自身应有贡献。特别是民营经济，在承担比其他经济主体更多困难与压力的同时，做出了特别巨大的贡献。从以下四组重要经济指标来看，2019年民营经济的增速与效益明显高于全国平均水平。这反映民营企业担当着当今中国经济稳韧有进的中坚与主力。

1．从投资看，2019年全国投资增长5.4%，民间投资增长4.7%。民间投资对全国投资的总量与增量贡献分别为56.4%和49.1%左右。民间投资增速虽然低于全国投资，但是，除去政府类投资，在国有、外资和民营企业三类企业投资比较中，民营企业的比重更大。（见表1）

表1　全国、国有控股、民间固定资产投资年度数据

单位：亿元、%

	全国投资		国有控股投资		民间投资		
	绝对值	增长	绝对值	增长	绝对值	增长	占比
2015年	551590	10	178933	10.9	354007	10.1	64.2
2016年	596501	8.1	213096	18.7	365219	3.2	61.2
2017年	631684	7.2	232887	10.1	381510	6	60.4
2018年	635636	5.9		1.9	394051	8.7	62
2019年	551478	5.4		6.8	311159	4.7	56.4

注：数据源自国家统计局。民间投资占比或贡献率为本文作者计算。

2．从工业看，2019年规模以上工业增加值增长5.7%，其中私营工业增长7.7%，国有控股与外资工业分别增长4.8%和2%；全国工业企业营业收入增长5.8%，其中私营工业增长7.5%，国有工业增长5.3%，外资工业增长3.7%；全国规模以上工业企业资产总额增长3.8%，其中私营工业增长5.6%，国有工业增长3.7%，外资工业增长0.1%；全国工业利润下降3.3%，

其中私营工业利润增长2.2%，国有控股企业及外资企业利润分别下降12%与3.6%。在全国工业的营业收入与利润增量占比中，私营工业明显上升。（见表2）

表2　2019年各类型工业企业增长数据

单位：%

	工业增加值	资产总额	营业收入	利润总额
全国工业企业	5.7	3.8	5.8	–3.3
国有企业	4.8	3.7	5.3	–12
外资企业	2	0.1	3.7	–3.6
私营企业	7.7	5.6	7.5	2.2

注：数据源自国家统计局。

3．从外贸看，2019年全国外贸进出口总额（美元）下降1%，而私营企业增长7.2%，占全国进出口总量的41.1%；全国出口增长0.5%，私营企业增长8.9%，占全国出口总额的49.7%；全部民营企业进出口总额超过外资企业，且出口占半壁江山，这是一个历史性重大变化。全国进口下降2.7%，私营企业增长4.2%，占全国进口总额的30.7%。在全国进出口顺差（净出口）中，民营企业占145.8%，外资企业占25.6%，国有企业占–71.4%。（见表3、表4）

表3　2019年各类型企业外贸数据

单位：%

	进出口		出口		进口	
	增长率	占比	增长率	占比	增长率	占比
全国外贸	–1	100	0.5	100	–2.7	100
国有企业	–4	16.9	–8.3	9.4	–1.9	25.9
外资企业	–7.3	39.9	–6.7	38.7	–7.9	41.3
私营企业	7.2	41.1	8.9	49.7	4.2	30.7
其他企业	126.7	2.2	4.1	2.2	0.3	2.2

注：数据源自海关总署，占比为本文作者计算。

表4 2016—2019年各类型企业外贸顺差情况

单位：亿美元、%

	贸易顺差总额	贸易顺差额					
		国有企业顺差额	占比	外商投资企业顺差额	占比	民营企业顺差额	占比
2016年	5929.5	−1452.2	−128.43	1464.8	28.68	5094.7	99.75
2017年	5107.3	−2062.1	−148.8	1159.8	27.45	5127.7	121.35
2018年	4225.4	−2897.3	−182.37	1039.7	29.56	5678.8	152.91
2019年3月	3517.6	−732.6	−195.98	255.6	33.49	1240.3	162.49
2019年6月	763.3	−1493.2	−182.4	526.6	29.1	2778.2	153.4
2019年9月	1811.6	−2256	−75.6	775	26.0	4465	149.6
2019年12月	4219	−3012	−71.4	1082	25.6	6150	145.8

注：数据源自海关总署，占比为本文作者计算。

4．从税收看，2019年全国税收增长1.3%。其中，国有控股下降1.1%，涉外企业下降5.4%，私营企业增长9%，全部民营企业增长4.6%。全国税收总量与增量中，国有控股占比为24.8%和−21.3%，涉外企业占比为16.6%和−76.5%，私营企业占比为16.5%和109.6%，全部民营企业占58.6%和197.9%。（见表5）

表5 2018—2019年各经济类型企业税收数据

单位：亿元、%

	2018年1−12月			2019年1−12月		
	收入额	增速	增加额	收入额	增速	增加额
全国税收收入	169956.57	9.1	14222	172102.0	1.3	2146.0
国有控股	43162.59	−2.9	−1309	42639.0	−1.1	−458.0
占比	25.24		−9.2	24.8		−21.3
涉外企业	30328.46	3.9	1127	28596.0	−5.4	−1642.0
占比	17.8		7.92	16.6		−76.5
私营企业	26200.02	30.2		28466.0	9.0	2351.0
占比	15.4			16.5		109.6
民营企业	96465.52	17.55	14404	100867.0	4.6	4246.0
占比	56.8		101.2	58.6		197.9

注：数据源自国家税务总局。民营企业税收为全国税收减国有控股企业和涉外企业税收，包括私营企业，为本文作者计算。

（三）部分重要指标明显下降，面临问题应当严重关注

2019年以来，部分重要经济数据出现明显下降，有的数据还存在明显矛盾。这可能反映经济的某些重要方面隐含困难较大，应当引起高度关注。

1. 全国投资增速下降。特别是民间投资增速低于全国平均水平，这是一年多后再次出现的现象。2019年全国投资增长5.42%，民间投资增长4.7%，民间投资占比56.4%，比2018年下降5.6个百分点。从行业投资看，在有数据可比的10个大类行业中，民间投资只有2个行业增速高于全国同行业水平，负增长的行业3个。从制造业投资看，全国投资增长3.1%，民间投资增长2.8%；从制造业中9大行业看，民间投资增速在5个行业低于全国水平（见表6）。制造业投资中民间投资是绝对主体，往年都占80%以上。民间投资增速下降，成为制造业投资下降的主要原因。

表6　2017—2019年制造业固定资产投资同比增长情况

单位：%

	2017年		2018年		2019年	
	全国	民间	全国	民间	全国	民间
制造业	4.8	4.8	9.5	10.3	3.1	2.8
非金属矿物制品业	1.6	1.2	19.7	21.3	6.8	5.4
黑色金属冶炼和压延加工业	–7.1	–10.0	13.8	16.5	26.0	13.4
有色金属冶炼和压延加工业	–3.0	–6.0	3.2	8.6	1.2	2.6
通用设备制造业	3.9	4.2	8.6	9	2.2	0
专用设备制造业	4.7	4.6	15.4	15.4	9.7	9.9
汽车制造业	10.2	10.5	3.5	6.1	–1.5	–8.8
铁路船舶航空和其他运输设备制造业	2.9	5.2	–4.1	–3	–2.5	–8.8
电气机械和器材制造业	6.0	7.4	13.4	13.1	–7.5	–5
计算机通信和其他电子设备制造业	25.3	29.8	16.6	16	16.8	33.4

注：数据源自国家统计局。

2．工业企业整体效率与效益降低。2019年全国规模以上工业企业资产增长3.8%，营收增长5.8%，利润下降3.3%，资产效率明显下降。其中，国有控股企业资产增长3.7%，营收增长5.3%，利润下降12%。（见表2）

经营效益下降。2019年全国工业企业的营业收入利润率为5.9%，比2018年下降0.6个百分点；全国企业中每百元资产实现的营业收入为92.4元，比2018年下降0.9元，国有控股增长了0.4元，外资企业下降了3.1元，私营企业增长了5.3元。（见表7、表8）

表7　各类型工业企业营业收入利润率

单位：%

	全国企业	国有控股	外资企业	私营企业
2017年	6.5	6.4	7.2	5.9
2018年	6.5	6.8	7	5.6
2019年	5.9	5.7	6.6	5.3

注：数据源自国家统计局。

表8　各类型工业企业每百元资产实现的营业收入

单位：元

	全国企业	国有控股	外资企业	私营企业
2017年	108.4	62.4	120.1	170.8
2018年	93.3	63.7	109	133.5
2019年	92.4	64.1	105.9	138.8

注：数据源自国家统计局。

3．大中型工业企业效率效益降低更为严重。2019年全国规模以上工业企业资产增长5.8%，全国大中型工业企业增长6.1%，国有大中型企业增长5.1%；全国工业营业收入增长3.8%，全国大中型工业企业营收增长3.7%，国有大中型企业增长2.9%；全国工业利润下降3.3%，全国大中型

工业企业下降5.4%，国有大中型工业企业下降13%。（见表9）

表9 2019年大中小型工业企业数据

单位：%

	资产增长	营收增长	利润增长	收入利润率
全国工业企业	5.8	3.8	–3.3	5.9
全国大中型企业	6.1	3.7	–5.4	6.3
全国小型企业	5.2	4.1	2.2	5.1
国有工业企业	5.3	3.7	–12	5.7
国有大中型企业	5.1	2.9	–13	5.5
国有小型企业	6.4	10	–5	6.9

注：数据源自国家统计局，小型企业为全国工业减去大中型工业的数据。

4. 小型工业企业与大中型工业企业增速与效益指标高低反差过大。长期以来，中国是大中型企业的日子比小型企业的日子好过。国家历年出台的企业政策措施，大都是支持与扶持小微型企业，原因是小微型企业日子普遍难过。但2019年统计数据显示，大中型企业的增速与效益指标明显不如小型工业企业。2019年利润增长率，全国小型企业为2.2%，国有小型企业为下降5%；全国大中型企业为下降5.4%，国有大中型企业为下降13%（见表9）。这些数据反映，小型企业似乎是处于景气状态。但是，国家统计局公布的2019年12月份，中国制造业采购经理指数（PMI）为50.2%；从企业规模看，大型、中型与小型企业12月的PMI分别为50.6%、51.4%和42.2%，大中型企业位于临界点之上，而小型企业位于临界点以下。实际上，小型企业PMI指数长期低于大中型企业，且长期居于临界点之下。

2019年12月的“经济日报——中国邮政储蓄银行小微企业运行指数”为46.2，其中，制造业小微企业指数为44.1。近年该指数长期处于46左右，反映小微企业运行长期困难，且2019年更为困难（见图5）。

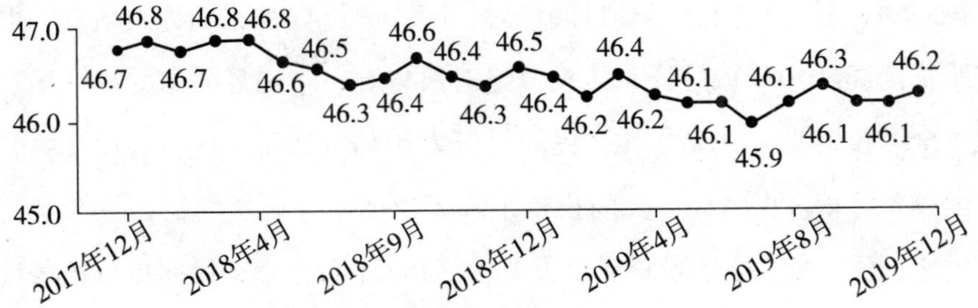

图5　小微企业运行指数

大中小企业增长与效益指标的反差，超出了现实感受。人们实际感觉是小型企业比大中型企业困难得多，同时更超出了国家政策导向目标，国家近年一系列政策都是针对解决小微企业困难的。

5. 外贸整体下滑，国有与外资下降严重。与按人民币计算的进出口总体增长3.4%相反，2019年按美元计算的全国进出口总额增长率下降1%，其中国有企业和外资企业分别下降4%和7.3%，只有私营企业增长7.2%。从出口看，全国、国有企业、外资企业出口增速分别为增长0.5%、下降8.3%、下降6.7%，私营企业增长8.9%。从进口看，全国、国有企业、外资企业进口增速分别下降了2.7%、1.9%和7.9%，私营企业增长4.2%。全国进出口总体为顺差4219亿美元，其中国有企业为逆差3012亿美元，占全国顺差为负的71.4%。（见表3、表4）

6. 统计部门自身数据矛盾可能反映实际存在问题比较严重。自2017年9月开始，国家统计局逐月公布的部分重要统计数据，与按照当月绝对数与上年同月绝对数进行比较计算的数据，存在明显反差矛盾。以固定资产投资和工业经济数据为例，其他还有一些重要数据如文化产业数据等均存在同样问题。

图6、图7中的A线为国家统计局当期公布的全国投资与民间投资的增长速度，B线为根据国家统计局公布的当期绝对数与上年同期绝对数进行比较的增长速度。2018年9月前，这两条线相差很小，之后则日益扩大。按照统计局公布的投资增长率，2019年全国投资总额551478亿元，同比

增长5.4%；其中民间投资311159亿元，同比增长4.7%，均为正增长。但按照统计局2019年12月公布的投资绝对数与上一年12月公布的投资绝对数（全国投资为635636亿元、民间投资为394051亿元）进行对比计算，全国投资下降了13.2%，民间投资下降了21%。一个是增长，一个是下降，这一正一负，全国投资正负反差达到18.6个百分点，民间投资正负反差25.7个百分点，这其中包含的问题可能比较严重。统计局虽然对此进行了一些解释，提出了一条理由，但经济学界不少人认为，解释理由并不充分，远远无法使人相信。

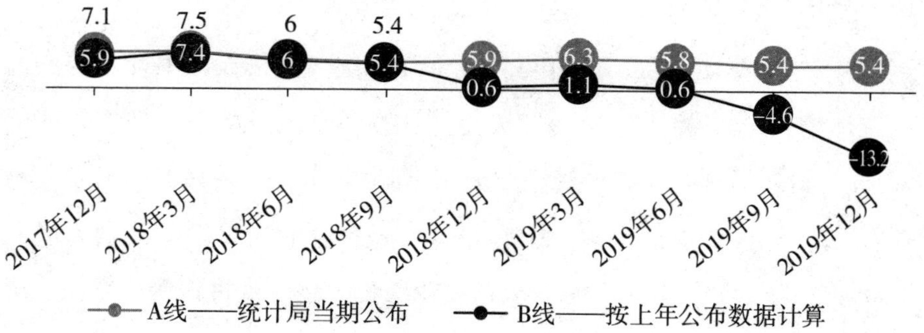

图6　全国固定资产投资增速（%）

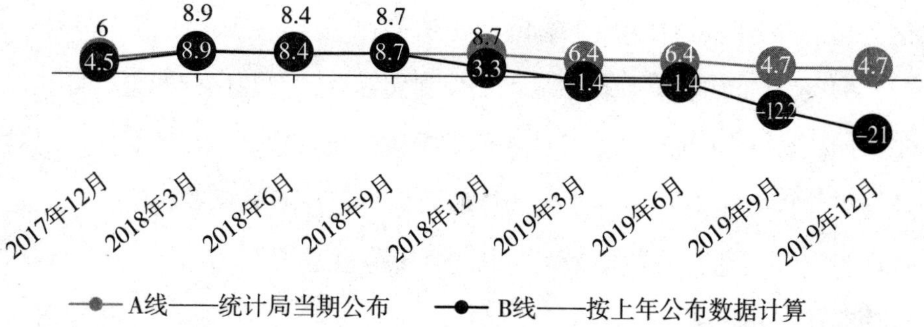

图7　民间固定资产投资增速（%）

以下是全国工业和私营工业的资产、营业收入和利润总额及增长率的反差（见表10至表15，图8至图13）。2019年下半年部分指标的反差开始缩小。

表10　规模以上工业企业资产总额累计同比增长率

单位：亿元、%

	统计局当期公布绝对数	统计局当期公布增长率	按绝对数计算的增长率
2015年12月	999741	6.9	8.1
2016年12月	1068297	7.1	6.9
2017年12月	1122882	6.9	5.1
2018年3月	1067186	7.1	2.4
2018年6月	1093931	7.4	2.0
2018年9月	1114379	7.0	0.9
2018年12月	1134382	6.1	1.0
2019年3月	1114407	6.9	4.4
2019年6月	1142988	6.3	4.5
2019年9月	1169254	6.0	4.9
2019年12月	1191375	5.8	5.0

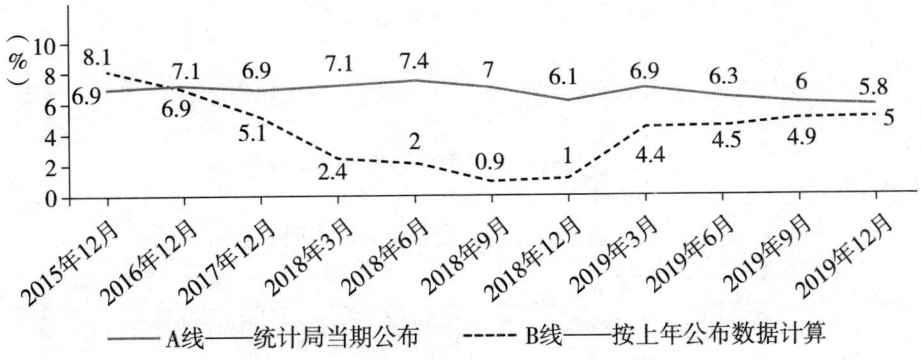

图8　规模以上工业企业资产总额累计同比增速

表11　私营工业企业资产总额累计同比增速

单位：亿元、%

	统计局当期公布绝对数	统计局当期公布增长率	按绝对数计算的增长率
2015年12月	224598	8.2	8.8
2016年12月	239044	7.3	6.4
2017年12月	250797	7.3	4.9
2018年3月	226696	8.4	2.1

续表

	统计局当期公布绝对数	统计局当期公布增长率	按绝对数计算的增长率
2018年6月	231113	7.6	–0.3
2018年9月	235470	7.3	–4.7
2018年12月	239289	6.6	–4.6
2019年3月	228403	9.4	0.8
2019年6月	240092	8.7	3.9
2019年9月	266865	7.9	13.3
2019年12月	275492	7.5	15.1

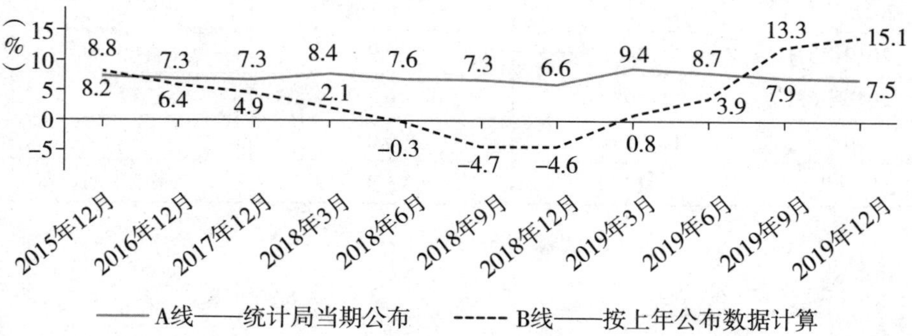

图9 私营工业企业资产总额累计同比增速

表12 规模以上工业企业主营业务收入同比增速

单位：亿元、%

	统计局当期公布绝对数	统计局当期公布增长率	按绝对数计算的增长率
2015年12月	1103301	0.8	0.8
2016年12月	1151618	4.9	4.4
2017年12月	1164624	11.1	1.1
2018年3月	251523	9.6	–9.5
2018年6月	520710	9.9	–12.5
2018年9月	771479	9.4	–14.7
2018年12月	1022241	8.5	–12.2
2019年3月	244194	7.2	–2.9
2019年6月	508982	4.7	–2.3
2019年9月	776744	4.5	0.7
2019年12月	1057825	3.8	3.5

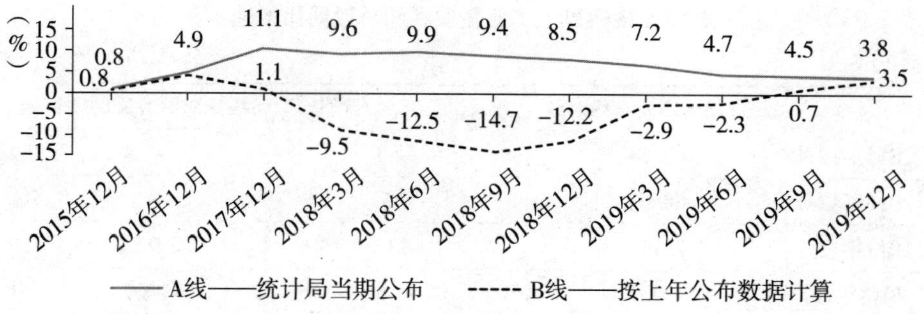

图10　规模以上工业企业主营业务收入累计同比增速

表13　私营工业企业主营业务收入同比增速

单位：亿元、%

	统计局当期公布绝对数	统计局当期公布增长率	按绝对数计算的增长
2015年12月	386258	4.5	4.5
2016年12月	409222	6.5	5.9
2017年12月	400260	8.8	−2.2
2018年3月	80877	10.2	−15.3
2018年6月	166413	9.5	−20
2018年9月	241080	9.2	−24.9
2018年12月	306393	8.4	−23.5
2019年3月	73791	12.1	−8.8
2019年6月	155157	7.4	−6.8
2019年9月	256112	7.1	6.2
2019年12月	346223	5.6	13

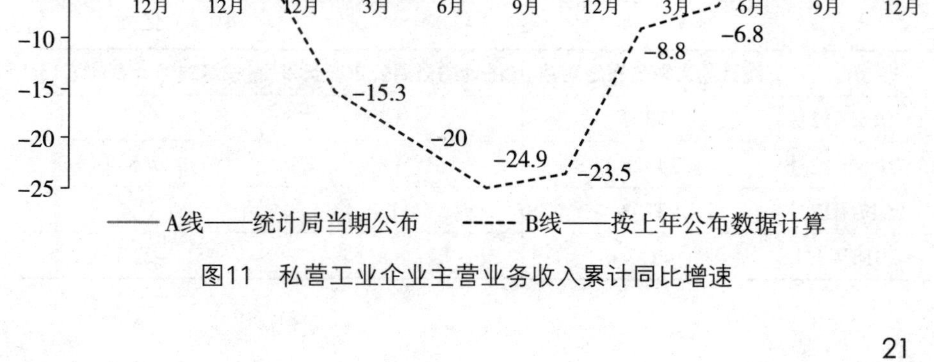

图11　私营工业企业主营业务收入累计同比增速

表14　规模以上工业企业利润总额同比增速

单位：亿元、%

	统计局当期公布绝对数	统计局当期公布增长率	按绝对数计算的增长
2015年12月	63554	−2.3	−1.8
2016年12月	68803	8.5	8.3
2017年12月	75187	21	9.3
2018年3月	15533	11.6	−8.9
2018年6月	33882	17.2	−6.8
2018年9月	49713	14.7	−11
2018年12月	66351	10.3	−11.8
2019年3月	12972	−3.3	−16.5
2019年6月	29840	−2.4	−11.9
2019年9月	45934	−2.1	−7.6
2019年12月	61996	−3.3	−6.6

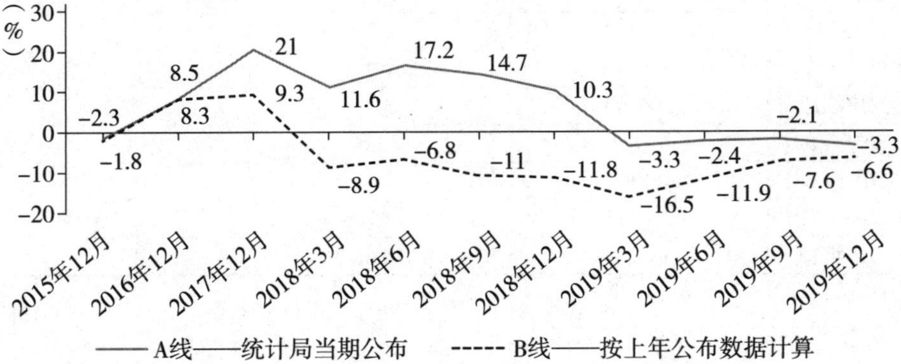

图12　规模以上工业企业利润总额累计同比增速

表15　私营工业企业利润总额同比增速

单位：亿元、%

	统计局当期公布绝对数	统计局当期公布增长率	按绝对数计算的增长
2015年12月	23222	3.7	4
2016年12月	24325	4.8	4.8
2017年12月	23753	11.7	−2.4
2018年3月	4317	8.8	−22.3

续表

	统计局当期公布绝对数	统计局当期公布增长率	按绝对数计算的增长
2018年6月	8889	10	−25.2
2018年9月	12592	9.3	−31.1
2018年12月	17137	11.9	−27.9
2019年3月	3260	7	−24.5
2019年6月	7431	6	−16.4
2019年9月	12632	5.4	0.3
2019年12月	18182	2.2	6.1

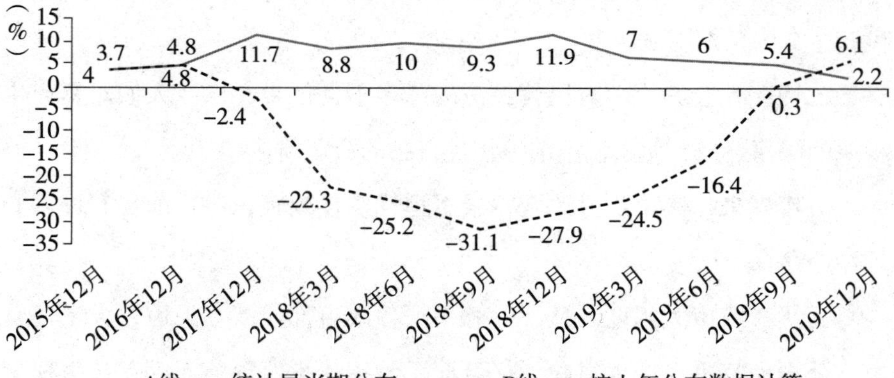

图13　私营工业企业利润总额累计同比增速

（四）民营企业忧虑及其化解情况

一年多前，民营企业普遍反映经营状况面临空前困难。当时，我们将其概括为民营企业存在“八大忧虑”。2018年11月1日，习近平总书记召开了民营企业座谈会，发表了重要讲话，充分肯定了民营经济在国民经济中的重要地位与作用，明确指出民营企业家是自己人，并提出了要从六个方面采取有力的政策措施，解决民营企业面临的困难与问题，进一步促进民营经济健康稳定发展。习近平总书记的讲话一扫民营企业家心中的沉重忧虑。一年多来，国家先后出台了一系列促进民营经济发展的政策，社会舆论也大为改观。特别是，2019年12月，中共中央、国务院还专门出台了《关于营造更好发展环境支持民营企业改革发展的意见》，提出了28条政策措施。这是历史上第一次由党中央和国务院共同出台这类政策。正是由于党和国家方针政策的支持，民营企业家的“八大忧虑”均得到不同程度的缓解。

一忧：中美贸易摩擦及其矛盾向其他领域扩展，严重影响民营企业对未来中国的国际国内经济发展环境的预期。

一年多来，以对美贸易为主的许多民营企业确实受伤不小。但中美贸易谈判近期取得新的重大进展，第一阶段贸易协议已经签署。目前，民营企业的预期明显改善。

二忧：社会舆论中对民营经济的诸多不良信号，以及人们对其产生根源的深深疑虑，使人们空前地担忧自己的命运前途。

一年多来，舆论明显改变，根本担忧明显减轻，但目前仍有许多心理疑虑存在。

三忧：股市大幅度下跌，一蹶不振，政府部门基本失声，大量民营上市公司面临平仓巨大风险，亿万股民亏损累累，深感无助，严重损害社会整体信心。

一年多来，推动股市发展政策不断出台，股市日益稳定。去年底以来，市场信心逐步恢复，人气开始聚集，股市已经开始回暖。但市场的主要深层次矛盾与问题仍未解决，前景仍然可能有较大反复。

四忧：税收在政策宣传上小幅度减税、在实际征收上大幅度增税，给民营企业带来历史上少有的税收增加负担。

一年多来，全国税收负担总体有所减轻，民营企业税收负担亦有所减轻，但总体负担仍然较重。一个重要表现是，私营企业的税收增长幅度明显高于国有控股企业和外资企业，也明显高于私营企业自身的营业收入与利润的增长幅度。

五忧：金融贷款难、贷款贵加剧，特别是金融去杠杆的强硬政策执行，给民营企业资金带来空前压力，尤其是给民营上市公司带来资金链断裂的空前压力。

一年多来，金融政策虽然有所调整与改善，社会融资环境逐步变好，但民营企业负债率明显上升，私营工业企业资产负债率一年来上升了2个百分点，超过了58%，已经与国有企业非常接近。近年来，民营企业到底是在去杠杆，还是在加杠杆？

六忧：环保执法“一刀切”“一天成”的粗暴做法导致许多中小企业关闭停产，给大量民营企业带来空前心理压力。

目前“一刀切”做法基本停止，各地小型企业普遍感到松了一口气。但已死企业不能复生，已伤企业恢复比较困难。

七忧：社保费征收主体改为税务部门及一些地方试图执法追索既往，给中小民营企业带来普遍惊慌。

一年多来，这个问题明显缓解，但社保负担问题仍然严重，尚未从根本着手解决问题。

八忧：民企老板出事，罪未定，人先抓，公司垮，员工散，企业家人生财产的危机感大增、安全感大降。

一年多来，这个问题在舆论上明显改观，在政策上有所改进。但实际执行中问题仍然严重，遇到部分执法者的重重阻力。

（五）民营企业盼望更好明天

未来，必须全面、认真贯彻习近平总书记讲话和党中央、国务院文件，将其完全落实到法律政策的制定与执行之中：

在理论舆情上，重新评价民营经济性质、地位、作用，以及国有经济合理功能与作用定位。

在政治道德上，完全平等看待民营经济与国有经济，私有财产与公有财产，二者无高下与优劣之分，都同样神圣不可侵犯。

在政策法律上，完全平等对待民营企业与国有企业，广泛推行企业竞争中性政策；在行政执法与司法上，民营企业家与国有企业负责人真正一视同仁。

在反垄断上，全面推行市场中性原则，对有违市场经济发展规律、有违市场平等竞争原则的一切行政垄断与市场垄断的政策及行政与司法行为，坚决彻底禁止，让民营企业完全平等参与国内市场竞争和“走出去”参与国际市场竞争。是否反垄断，是衡量国家治理体系与能力、现代化的发展程度的一个重要标志。

资产增收入滞　效益效率走低
国资比重回升　民资份额开降

——2012—2019年主要工业数据简要分析

（一）企业数量变化

7年来，全国、国有、私营与外商投资和港、澳、台商投资企业数量年均增长1.2%、1.0%、3.1%和下降3.5%。2019年企业数量占比，国有企业占5%，私营企业占62.7%，外商投资和港、澳、台商投资企业占12%；全部民营企业占83%。

2012—2019年间，全国规模以上工业企业数量年均增长1.2%，其中国有控股企业年均增长1%，私营企业年均增长3.1%，外商投资和港、澳、台商投资企业年均下降3.4%。（见表1、表2）

2012年与2019年，企业数量占比，国有控股企业占5.2%和5.1%，私营企业占55.1%和62.8%，外商投资和港、澳、台商投资企业占16.6%和12%；全部民营企业占78.2%和82.9%。（见表3）

表1　规模以上工业企业单位数

单位：家

年份	全国	国有控股	私营	外商投资和港、澳、台商投资	其他
2012	343769	17851	189289	56908	79721
2013	369813	18574	208409	57368	85462
2014	377888	18808	213789	55172	90119

续表

年份	全国	国有控股	私营	外商投资和港、澳、台商投资	其他
2015	383148	19273	216506	52758	94611
2016	378599	19022	214309	49554	95714
2017	372729	19022	215138	47458	91111
2018	378440	18670	220628	47736	91406
2019	372822	19191	233957	44628	75046

注：数据源自国家统计局。下同。

表2　规模以上工业企业单位数增长率

单位：%

年份	全国	国有控股	私营	外商投资和港、澳、台商投资	其他
2012	5.6	4.7	4.8	–0.5	12.7
2013	7.6	4.1	10.1	0.8	7.2
2014	2.2	1.3	2.6	–3.8	5.4
2015	1.4	2.5	1.3	–4.4	5
2016	–1.2	–1.3	–1	–6.1	1.2
2017	–1.6	0	0.4	–4.2	–4.8
2018	1.5	–1.9	2.6	0.6	0.3
2019	–1.5	2.8	6.0	–6.5	–17.9
年均增长率					
2012—2019	1.2	1.0	3.1	–3.4	–0.9

注：年度与年均增长率均按当年绝对数计算。下同。

表3　规模以上工业企业单位数占比情况

单位：%

年份	国有控股	私营	外商投资和港、澳、台商投资	其他
2012	5.2	55.1	16.6	23.1
2013	5.0	56.4	15.5	23.1
2014	5.0	56.6	14.6	23.8
2015	5.0	56.5	13.8	24.7

续表

年份	国有控股	私营	外商投资和港、澳、台商投资	其他
2016	5.0	56.6	13.1	25.3
2017	5.1	57.7	12.7	24.4
2018	4.9	58.3	12.6	24.2
2019	5.1	62.8	12.0	20.1

注：占比按当年绝对数计算。下同。

（二）资产总额

7年来，按当年公布增长率计算，私营企业是国有控股企业的1.5倍，是外商投资和港、澳、台商投资企业的近2倍；按当年绝对数据计算，三者增速明显低于公布增长率；国企占比先降后升，私营占比先升后降，外商投资和港、澳、台商投资占比总体趋降。

2012—2019年间，按国家统计局公布的当年增速计算的累计平均年增长率，全国工业企业资产总额年均增长7.7%，属于高增长范围；其中国有控股企业年均增长6.1%，私营企业年均增长9.6%，外商投资和港、澳、台商投资企业年均增长5.9%；私营企业增长率是国有控股企业的1.5倍，是外商投资和港、澳、台商投资企业的近2倍。（见表4、表5）

2012年与2019年，企业资产总额占比中，国有控股企业占40.6%与38.7%，私营企业占19.9%和23.1%，外商投资和港、澳、台商投资企业占22.4%和19.1%；全部民营企业占37%和42.1%。（见表6）

需要特别指出的是，若按当年公布的绝对数计算，2012—2019年，全国工业企业资产总额年均增长为6.5%，属于中高速增长范围；其中，国有控股企业年均增长为5.7%，私营企业年均增长为8.8%，外商投资和港、澳、台商投资企业年均增长为4.1%。三个数据均要低于按统计局公布的当年增长率计算的年均增长率。（见表5）

表4　规模以上工业企业资产总额

单位：亿元

年份	全国	国有控股	私营	外商投资和港、澳、台商投资	其他
2012	768421	312094	152548	172320	131458
2013	870751	343986	187704	188661	150399
2014	956777	371309	213114	198162	174192
2015	1023398	397404	229007	201303	195685
2016	1085866	417704	239543	212744	215875
2017	1121910	439623	242637	215998	222340
2018	1134382	439909	239289	224353	230831
2019	1191375	461357	275492	227781	226745

表5　规模以上工业企业资产总额增长率

单位：%

年份	全国	国有控股	私营企业	外商投资和港、澳、台商投资	其他
2012	13.7	10.8	19.4	6.4	25.9
2013	13.3	10.2	23	9.5	14.4
2014	9.9	7.9	13.5	5	15.8
2015	7	7	7.5	1.6	12.3
2016	6.1	5.1	4.6	5.7	10.3
2017	3.3	5.2	1.3	1.5	3
2018	1.1	0.1	–1.4	3.9	3.8
2019	5.0	4.9	15.1	1.5	–1.8
按当年绝对数计算的年均增长率					
2012—2019	6.5	5.7	8.8	4.1	8.1
按当年公布的增长率计算的累计增长率					
2012—2019	68.0	51.5	90.4	49.2	68.0
根据累计增长率计算的年均增长率					
2012—2019	7.7	6.1	9.6	5.9	7.7

注：年度增长率源自国家统计局，累计增长率根据公布的年度增长率累计计算，年均增长率为按绝对数据计算。下同。

表6　规模以上工业企业资产总额占比情况

单位：%

年份	国有控股	私营	外商投资和港、澳、台商投资	其他
2012	40.6	19.9	22.4	17.1
2013	39.5	21.6	21.7	17.2
2014	38.8	22.3	20.7	18.2
2015	38.8	22.4	19.7	19.1
2016	38.5	22.1	19.6	19.8
2017	39.2	21.6	19.3	19.8
2018	38.8	21.1	19.8	20.3
2019	38.7	23.1	19.1	19.0

（三）主营业务收入

7年多，按公布增长率，全国工业收入年均增长6.7%，属于中高增速范围；按当年绝对数计算，年均增长1.9%，属于低速增长范围；其中2018年和2019年的营业收入总额均低于2014年至2017年总额。

2012—2019年7年间，按国家统计局公布的当年增速计算的累计平均年增长率，全国工业企业营业收入年均增长6.7%，属于中高增长范围；其中国有控股企业年均增长3.9%，私营企业年均增长8.3%，外商投资和港、澳、台商投资企业年均增长4.6%；私营企业增长率是国有控股企业的2倍。（见表7、表8）

2012年与2019年，企业营业收入中，国有企业占26.4%与27.2%，私营企业占30.7%和32.7%，外商投资和港、澳、台商投资企业占23.9%和22.2%；全部民营企业占50.3%和50.6%，各类企业占比变化不大。（见表9）

需要特别指出的是，若按当年公布的绝对数计算，2012—2019年，全国工业企业营业收入年均增长仅为1.9%，属于低增长范围；其中，国有控股企业年均增长2.3%，私营企业年均增长2.8%，外商投资和港、澳、台商投资企业年均增长0.8%。三个数据均明显低于按统计局公布的当年增长率计算的年均增长率；其中，私营企业的公布年均增长率为8.3%，按绝对数计算的年均增长率为2.8%，二者相差5.5个百分点。（见表8）

表7　规模以上工业企业主营业务收入

单位：亿元

年份	全国	国有控股	私营	外商投资和港、澳、台商投资	其他
2012	929292	245076	285622	221949	176645
2013	1038659	257817	342003	242964	195876
2014	1107033	262692	372176	252630	219535
2015	1109853	241669	386395	245698	236092
2016	1158999	238990	410188	250393	259427
2017	1133161	265393	381034	247620	239114
2018	1049491	284730	311970	244478	208313
2019	1057825	288253	346223	234666	188683

表8　规模以上工业企业主营业务收入增长率

单位：%

年份	全国	国有控股	私营	外商投资和港、澳、台商投资	其他
2012	10.4	7.1	15.5	2.6	18.3
2013	11.8	5.2	19.7	9.5	10.9
2014	6.6	1.9	8.8	4	12.1
2015	0.3	–8	3.8	–2.7	7.5
2016	4.4	–1.1	6.2	1.9	9.9
2017	–2.2	11	–7.1	–1.1	–7.8
2018	–7.4	7.3	–18.1	–1.3	-12.9
2019	0.8	1.2	11.0	–4.0	–9.4
按当年绝对数计算的年均增长率					
2012—2019	1.9	2.3	2.8	0.8	0.9
按国家统计局公布的历年增长计算的累计增长率					
2012—2019	57.4	30.5	74.7	37.3	
按累计增长率计算的年均增长率					
2012—2019	6.7	3.9	8.3	4.6	

表9 规模以上工业企业主营业务收入占比情况

单位：%

年份	国有控股	私营	外商投资和港、澳、台商投资	其他
2012	26.4	30.7	23.9	19.0
2013	24.8	32.9	23.4	18.9
2014	23.7	33.6	22.8	19.9
2015	21.8	34.8	22.1	21.3
2016	20.6	35.4	21.6	22.4
2017	23.4	33.6	21.9	21.1
2018	27.1	29.7	23.3	19.9
2019	27.2	32.7	22.2	17.8

（四）企业利润

7年来，按公布增长率看，全国工业利润年均增长6.8%，属于中速增长范围，且私营企业增速是国有企业的2倍多；按当年绝对数计算，全国工业年均增长0.02%，属于基本停滞范围，且私营企业为年均负增长1.5%，属衰退范围。

2012—2019年间，按国家统计局公布的当年增速计算的累计平均年增长率，全国规模以上工业企业利润年均增长6.8%，属于中速增长范围；其中，国有控股企业年均增长2.7%，私营企业年均增长7.6%，外商投资和港、澳、台商投资企业年均增长6.8%；私营企业增长率是国有控股企业的2倍多。（见表10、表11）

2012年与2019年，企业利润占比，国有控股企业占24.5%与26.4%，私营企业占32.6%和29.3%，外商投资和港、澳、台商投资企业占22.6%和25.1%；全部民营企业占55.2%和48.5%。（见表12）

需要特别指出的是，若按当年公布的绝对数计算，2012—2019年，全国工业企业利润年均增长率仅为0.02%，属于停滞范围；其中，国有控股企业年均增长1.1%，私营企业年均增长-1.5%，外商投资和港、澳、台商投资企业年均增长1.6%。三个数据均明显低于按统计局公布的当年增长率计算的年均增长率；其中，私营企业为负增长1.5%，与按当年公布的增长率计算的年均增长率7.6%形成巨大反差，正负相差9.1个百分点。（见表11）

表10 规模以上工业企业利润总额

单位：亿元

年份	全国	国有控股	私营	外商投资和港、澳、台商投资	其他
2012	61910	15176	20192	13966	12576
2013	68379	15918	23327	15803	13332
2014	68155	14508	23550	16577	13519
2015	66187	11417	24250	15906	14615
2016	71921	12324	25495	17597	16505
2017	74916	17216	23043	184126	162456
2018	66351	18583	17137	16776	13855
2019	61996	16356	18182	15580	11878

表11 规模以上工业企业利润总额增长率

单位：%

年份	全国	国有控股	私营	外商投资和港、澳、台商投资	其他
2012	0.8	–7.8	11.2	–9.9	11.4
2013	10.4	4.9	15.5	13.2	6
2014	–0.3	–8.9	1.0	4.9	1.4
2015	–2.9	–21.3	3.0	–4.1	8.1
2016	8.7	7.9	5.1	10.6	12.9
2017	4.2	39.7	–9.6	4.6	–1.6
2018	–11.4	7.9	–25.6	–8.9	–14.7
2019	–6.6	–12.0	6.1	–7.1	–14.3
按当年绝对数计算的年均增长率					
2012—2019	0.02	1.1	–1.5	1.6	–0.8

续表

年份	全国	国有控股	私营	外商投资和港、澳、台商投资	其他
按统计局公布的当年增长率计算的累计增长率					
2012—2019	58.6	20.2	67.2	58.9	
根据累计增长率计算的年均增长率					
2012—2019	6.8	2.7	7.6	6.8	

表12　工业企业利润总额占比情况

单位：%

年份	国有控股	私营	外商投资和港、澳、台商投资	其他
2012	24.5	32.6	22.6	20.3
2013	23.3	34.1	23.1	19.5
2014	21.3	34.6	24.3	19.8
2015	17.2	36.6	24.0	22.2
2016	17.1	35.4	24.5	23
2017	23	30.8	24.6	21.7
2018	28	25.8	25.3	20.9
2019	26.4	29.3	25.1	19.2

（五）资产收入率

7年来，工业每百元资产创造的营业收入呈下降趋势，全国下降24%，国有、私营、外商投资和港、澳、台商投资分别下降18.4%、26%和17.8%；但私营企业的资产收入效率长期高于国企一倍以上。

2012—2019年，按国家当年公布的绝对数计算的资产收入率，即每百元资产创造的营业收入，2012年和2019年，全国工业企业分别为120.9元和92.4元，7年间下降了24%；其中，国有控股企业分别为78.5元和64.1元，下降了18.4%；私营企业分别为187.2元和138.8元，下降了26%；外商投资和港、澳、台商投资企业分别为128.8元和105.9元，下降了17.8%。这反映，7年来，工业企业的资产效率明显下降。（见表13）

表13 工业企业每百元资产实现的收入

单位：元

年份	全国	国有控股	私营	外商投资和港、澳、台商投资
2012	120.9	78.5	187.2	128.8
2013	119.3	74.9	182.2	128.8
2014	115.7	70.7	174.6	127.5
2015	108.4	60.8	168.7	122.1
2016	106.7	57.2	171.2	117.7
2017	103.7	60.8	159.6	115.3
2018	90.1	62.2	128.0	106.3
2019	92.4	64.1	138.8	105.9

（六）资产利润率

7年来，全国工业企业资产利润率明显下降，三类企业均明显下降，私营企业下降幅度最大，但仍长期高于国有企业一倍以上。

2012—2019年，按国家当年公布的绝对数计算的资产利润率，即每百元资产创造的利润，2012年和2019年，全国工业企业分别为8.1元和5.2元，7年间下降了36%；其中，国有控股企业分别为4.9元和3.5元，下降了28.6%；私营企业分别为13.2元和6.6元，下降了50%；外商投资和港、澳、台商投资企业分别为8.1元和6.8元，下降了16%。这反映，7年来，全国工业企业资产利润率是明显下降的，三类企业均明显下降，其中，私营企业下降幅度最大。（见表14）

表14 工业企业资产利润率

单位：%

年份	全国	国有控股	私营	外商投资和港、澳、台商投资
2012	8.1	4.9	13.2	8.1
2013	7.9	4.6	12.4	8.4
2014	7.1	3.9	11.1	8.4
2015	6.5	2.9	10.6	7.9

续表

年份	全国	国有控股	私营	外商投资和港、澳、台商投资
2016	6.6	3	10.6	8.3
2017	6.7	3.9	9.5	8.3
2018	5.8	4.2	7.2	7.5
2019	5.2	3.5	6.6	6.8

（七）收入利润率

7年多来，工业企业收入利润率总体下降，但国有控股与外商投资和港、澳、台商投资企业稳定且略有上升，私营企业下降十分明显。

2012—2019年，按国家当年公布的绝对数计算的收入利润率，即每百元营业收入创造的利润，2012年和2019年，全国工业企业分别为6.7元和5.9元，7年间下降了12%；其中，国有控股企业分别为6.2元和5.7元，下降了8%；私营企业分别为7.1元和5.3元，下降了25%；外商投资和港、澳、台商投资企业分别为6.3元和6.6元，上升了4.8%。这反映，7年来全国工业企业收入利润率总体是下降的，其中，外商投资和港、澳、台商投资企业仍是上升的，但私营企业下降十分明显，这成为全部工业收入利润率下降的主要原因。（见表15）

表15　工业企业收入利润率

单位：%

年份	全国	国有控股	私营	外商投资和港、澳、台商投资
2012	6.7	6.2	7.1	6.3
2013	6.6	6.2	6.8	6.5
2014	6.2	5.5	6.3	6.6
2015	6	4.7	6.3	6.5
2016	6.2	5.2	6.2	7
2017	6.6	6.5	6.0	7.4
2018	6.3	6.5	5.5	6.9
2019	5.9	5.7	5.3	6.6

（八）企业亏损面

7年来，全国工业企业亏损面扩大，私营企业总体亏损面虽然最小，但亏损面明显扩大。

2012—2019年，按国家当年公布的绝对数计算的企业亏损面，2012年和2019年，全国工业企业亏损面分别为11.5%与15.9%，7年间上升了4.4个百分点；其中，国有控股企业分别为24%和23.6%，下降了0.4个百分点；私营企业分别为7.8%和13.6%，上升了5.8个百分点；外商投资和港、澳、台商投资企业分别为20.2%和21.9%，上升了1.7个百分点；这反映，7年来，全国工业企业亏损面扩大了，其中，私营企业总体亏损面虽然最小，但亏损面明显扩大。（见表16）

表16　工业企业亏损面

单位：%

年份	全国	国有控股	私营	外商投资和港、澳、台商投资
2012	11.5	24.0	7.8	20.2
2013	11.3	24.7	7.8	20.0
2014	11.5	26.7	8.1	19.2
2015	12.6	28.9	9.1	20.8
2016	10.8	25.6	7.8	17.7
2017	11.8	24.7	9.0	19.0
2018	15.1	25.0	12.8	21.3
2019	15.9	23.6	13.6	21.9

（九）资产负债率

7年来，全国工业企业负债率总体下降，国有企业下降明显，但私营企业负债率反而上升了。

2012—2019年，按国家当年公布的绝对数计算的企业资产负债率，

2012年和2019年，全国工业企业负债率分别为58%与56.6%，7年间下降了1.4个百分点；其中，国有控股企业分别为61.3%和58%，下降了3.3个百分点；私营企业分别为54.2%和57.4%，上升了3.2个百分点；外商投资和港、澳、台商投资企业分别为56.5%和53.7%，下降了2.8个百分点；这反映，7年来，全国工业企业负债率总体下降了，其中，国有企业下降明显，说明其企业杠杆率下降；但私营企业负债率反而上升了，说明其杠杆率上升。（见表17）

表17 工业企业资产负债率

单位：%

年份	全国	国有控股	私营	外商投资和港、澳、台商投资
2012	58.0	61.3	54.2	56.5
2013	58.1	62.3	54.0	56.3
2014	57.2	62.0	52.1	55.5
2015	56.6	61.9	51.8	54.5
2016	55.9	61.6	50.7	54.0
2017	56	60.5	52.6	54
2018	56.5	58.7	56.4	54.1
2019	56.6	58	57.4	53.7

（十）企业资本金

1. 全国工业企业资本金情况

2012—2017年5年中，工业企业资本金增长的最大特点是，国家资本金大幅度增长，5年增加5万亿元，年均增长率达到22.3%；而个人资本金先大升后大降，2017年绝对减少约8000亿元，港、澳、台资本金5年绝对减少约5600亿元。

2012—2017年5年间（尚未公布2018年和2019年数据），按统计局当年公布的绝对数计算，全国工业企业实收资本金年均增长9.3%，属于高速增长范围；其中，法人资本金年均增长7.2%，国家资本金年均增长22.3%，集体资本金年均增长3.6%，个人资本金年均增长10.1%，港、澳、台资本金年均下降6.8%，外商资本金年均增长1.6%。（见表18、表19）

5年来，工业企业资本金增长的最大特点是，国家资本金大幅度增长，年均增长率达到22.3%，这是历史上少有的。这反映，国家明显加大了对国有工业企业的直接资本注入。由此带来国家资本金在工业企业实收资本中的占比，由2012年的29228亿元，占比为18.2%，提升为2017年的80051亿元，占比为 31.9%，占比提升了13.7个百分点，5年增加了5万多亿元，增长了1.74倍。（见表18、表19和表20）

另一个特点是，5年来工业企业中的个人资本金虽然年均增长达10.1%，但2017年却比2016年减少了8400多亿元，由57921亿元下降为49483亿元，下降了14.6%。其中的原因值得认真分析。（见表18、表19和表20）

表18　各类型工业企业资本金

单位：亿元

年份	实收资本	法人	国家	集体	个人	港、澳、台	外商
2012	161030	58094	29228	3118	30627	18857	20925
2013	173673	61045	34695	3384	38806	12366	22154
2014	188295	67102	39470	3360	42258	12408	23217
2015	213182	73322	53076	4101	47459	13091	22234
2016	239845	81531	59163	3970	57921	13253	23978
2017	251175	82115	80051	3717	49483	13230	22625

表19　各类型工业企业资本金增长率

单位：%

年份	实收资本	法人	国家	集体	个人	港、澳、台	外商
2012	11.3	9.5	29.3	49.9	–15.9	75.5	5.9
2013	7.9	5.1	18.7	8.5	26.7	–34.4	5.9

续表

年份	实收资本	法人	国家	集体	个人	港、澳、台	外商
2014	8.4	9.9	13.8	–0.7	8.9	0.3	4.8
2015	13.2	9.3	34.5	22.0	12.3	5.5	–4.2
2016	12.5	11.2	11.5	–3.2	22.0	1.2	7.8
2017	4.7	0.7	35.3	–6.4	–14.6	–0.2	–5.6
按当年公布的绝对数计算的年均增长率							
2012—2017	9.3	7.2	22.3	3.6	10.1	–6.8	1.6

表20　各类型工业企业资本金占比

单位：%

年份	法人	国家	集体	个人	港、澳、台	外商
2012	36.1	18.2	1.9	19.0	11.7	13
2013	35.1	20.0	1.9	22.3	7.1	12.8
2014	35.6	21.0	1.8	22.4	6.6	12.3
2015	34.4	24.9	1.9	22.3	6.1	10.4
2016	34.0	24.7	1.7	24.1	5.5	10.0
2017	32.7	31.9	1.5	19.7	5.3	9.0

从实收资本金增长与所有者权益增长对比看，2012—2017年5年期间，全国工业实收资本金年均增长率为9.3%，所有者权益年均增长率为8.89%，二者基本同步。（见表19、表21）

表21 规模以上工业企业所有者权益及占比

单位：亿元、%

年份	全国	国有控股	占比	私营	占比	外商和港、澳、台商	占比
2012	320614.07	120336.83	37.5	68946.35	21.5	74485.85	23.2
2013	361263.38	128655.24	35.6	84938.19	23.5	81845.13	22.7
2014	405981.71	141476.81	34.8	99880.35	24.6	87595.32	21.6

续表

年份	全国	国有控股	占比	私营	占比	外商和港、澳、台商	占比
2015	440932.66	151107.6	34.3	108660.59	24.6	91126.75	20.7
2016	476105.14	160022.43	33.6	116858.30	24.5	97296.67	20.4
2017	490835.31	173298.45	35.3	113612.81	23.1	98821.83	20.1
按当年公布的绝对数计算的年均增长率							
2012—2017	8.89	7.57		10.5		5.8	

2. 国有控股工业企业实收资本情况

2012年国有控股工业企业的实收资本为58417亿元，2017年为109865亿元，增长了88%，年均增长13.5%；其中，国家资本金2012年为27852亿元，占比为47.7%；2017年为77448亿元，占比为70.5%，大幅度提升了22.8个百分点，增加了近5万亿元，增长了1.78倍，年均增长率为22.7%。这说明，全国工业企业中国家资本金的增加来源，几乎全是国有控股企业中的国家资本金的增加额。需要特别指出的是，2012—2017年的5年间，国家对国有控股工业企业的资本金注入的额度，已经是1950年至2012年共60多年国家资本金注入总额的1.78倍！（见表22、表23、表24）

表22 国有控股工业企业各类型资本金

单位：亿元

年份	实收资本	法人	国家	集体	个人	港、澳、台	外商
2012	58417	26050	27852	628	1617	463	1693
2013	63391	24617	33129	941	1790	579	1827
2014	67132	24049	37857	853	1912	513	1868
2015	79070	24207	49737	895	1967	507	1868
2016	88731	26597	56311	897	2131	570	2233
2017	109865	26747	77448	783	2114	515	2326

表23　国有控股工业企业各类型资本金增长率

单位：%

年份	实收资本	法人	国家	集体	个人	港、澳、台	外商
2012	11.1	–3.1	28.4	20.7	3.4	18.7	13.2
2013	8.5	–5.5	18.9	49.8	10.7	25	7.9
2014	5.9	–2.3	14.3	–9.3	6.8	–11.3	2.2
2015	17.8	0.7	31.4	4.9	2.9	–1.3	0
2016	12.2	9.9	13.2	0.2	8.3	12.4	19.5
2017	23.8	0.6	37.5	–12.7	–0.8	–9.7	4.2
按当年公布的绝对数计算的年均增长率							
2012—2017	13.5	0.5	22.7	4.5	5.5	2.1	6.6

表24　国有控股工业企业各类型资本金占比

单位：%

年份	法人	国家	集体	个人	港、澳、台	外商
2012	44.6	47.7	1.1	2.8	0.8	2.9
2013	38.8	52.3	1.5	2.8	0.9	2.9
2014	35.8	56.4	1.3	2.8	0.8	2.8
2015	30.6	62.9	1.1	2.5	0.6	2.4
2016	30	63.5	1.0	2.4	0.6	2.5
2017	24.3	70.5	0.7	1.9	0.5	2.1

3. 国有资本金大幅度增加后的效率与效益情况

一看企业总资产增长情况。2012—2017年，5年中国有控股工业企业中的国家资本金增加了5万亿元，增长了1.78倍，年均增长22.7%；同期，国有控股工业企业资产总额，由312094亿元增加为425031亿元，增加了11.3万亿元，增长了36.2%，年均增长6.37%。国家资本金增长率高于资产总额增长率的2.56倍，反映国家资本金对社会资金的带动性是下降的。

二看企业净资产增长情况。2012年，国有控股工业企业的资产总额为312094亿元，资产负债率为61.2%，净资产为121092亿元；2017年资产总额为425031亿元，资产负债率为60.4%，净资产为168312亿元，5年净资产增加了47220亿元，比国家资本金增加额5万亿元大约少2800亿元。

三看所有者权益增长情况。从国有控股企业实收资本与所有者权益增长对比看，2012—2017年间，国有控股企业实收资本金年均增长率为13.5%，所有者权益年均增长率为7.57%，二者差距较大。反映国有控股企业实收资本转化为所有者权益的比例是不高的。

四看企业资产负债率情况。2012年，国有控股工业企业的资产负债率为61.2%，2017年为60.4%，下降了0.8个百分点。在国家资本金增加了5万亿元的情况下，企业资产负债率才下降0.8个百分点，反映企业资本质量总体是下降的。

五看企业利润增长情况。2012—2017年，国有控股工业企业国家资本金增加了5万亿元，同期，国有控股工业企业的利润由15176亿元增加到16651亿元，增加了1475亿元；国家资本金增加额是企业利润增加额的34倍，反映国家资本金对推动企业利润增长效果较差。

六看企业资产利润率情况。2012年，国有控股工业企业的资产利润率为4.9%，2017年为3.9%，下降了1个百分点。在国家资本金增加5万亿元的情况下，企业资产利润率反而下降，说明企业效益较差。

4. 私营企业资本金与个人资本金变化情况

一看私营企业中的各类资本金增长情况。2012—2017年，私营企业实收资本年均增长10.1%，其中法人资本金年均增长11.5%，国家资本金年均增长19.1%，个人资本金年均增长9.4%，港澳台年均下降10.1%，外商资本金年均增长4.0%。需要指出的是，2017年实收资本增长近1400亿元，而个人资本金仅增长103亿元，几无增长（见表25）。另外，私营实收资本金年均增长10.1%，所有者权益年均增长10.5%，是基本同步的。（见表26）

二看各类资本金占比情况。私营企业的资本金以法人资本与个人资

本为主，2017年分别占41.8%和55.8%，各项资本金5年占比变化不大。（见表27）

三看个人资本金在外商投资和港、澳、台商投资企业中的情况。2012—2018年，个人资本金在港澳台和外商企业中增长不足500亿元，年均增长5.9%，占比为3.8%，有所上升，但份额较小。（见表28、表29、表30）

表25 私营工业企业各类型资本金

单位：亿元

年份	实收资本	法人	国家	集体	个人	港、澳、台	外商
2012	30515	11965	132	574	17560	150	113
2013	36729	14208	151	414	21367	125	139
2014	42632	17359	178	483	23892	116	127
2015	45402	17587	1534	557	25496	103	119
2016	47971	19387	216	668	27433	121	145
2017	49367	20649	316	635	27536	88	138

注：2015年私营企业中的国家资本金1534亿元可能有误，但国家统计局数据本身是如此。

表26 私营工业企业各类型资本金增长率

单位：%

年份	实收资本	法人	国家	集体	个人	港、澳、台	外商
2012	20.7	28.3	51.1	169.5	13.9	59.1	–3.6
2013	20.4	18.8	14.3	–28	21.7	–16.6	22.4
2014	16.1	22.2	18.3	16.7	11.8	–7.3	–8.4
2015	6.5	1.3	760	15.4	6.7	–10.9	–6.5
2016	5.7	10.2	–85.9	19.9	7.6	17.2	22.1
2017	2.9	6.5	46.3	–5.0	0.4	–27.1	–4.9

续表

年份	实收资本	法人	国家	集体	个人	港、澳、台	外商
按当年公布绝对数计算的年均增长率							
2012—2017	10.1	11.5	19.1	2.0	9.4	−10.1	4.0

表27　私营工业企业各类型资本金占比

单位：%

年份	法人	国家	集体	个人	港、澳、台	外商
2012	39.2	0.4	1.9	57.5	0.5	0.4
2013	38.7	0.4	1.1	58.2	0.3	0.4
2014	40.7	0.4	1.1	56	0.3	0.3
2015	38.7	3.4	1.2	56.2	0.2	0.3
2016	40.4	0.4	1.4	57.2	0.3	0.3
2017	41.8	0.6	1.3	55.8	0.2	0.3

表28　规模以上外商及港、澳、台商工业企业各类型资本金

单位：亿元

年份	实收资本	法人	国家	集体	个人	港、澳、台	外商
2012	44146	9029	1988	304	1482	11027	20231
2013	48563	9165	2508	369	3100	11822	21433
2014	49428	9904	2712	380	2100	11948	22506
2015	50891	11675	2707	405	2055	12573	21476
2016	52311	11023	3083	409	2178	12677	22940
2017	51954	11583	3637	422	1976	12701	21637

表29　外商及港、澳、台商投资工业企业各类型资本金增长率

单位：%

年份	实收资本	法人	国家	集体	个人	港、澳、台	外商
2012	7.8	9.9	37.8	23.1	−10.5	6.4	5.9
2013	10.0	1.5	26.1	21.4	109.2	7.2	5.9

续表

年份	实收资本	法人	国家	集体	个人	港、澳、台	外商
2014	1.8	8.1	8.1	2.9	-32.3	1.1	5.0
2015	3.0	17.9	-0.2	6.8	-2.2	5.2	-4.6
2016	2.8	-5.6	13.9	0.8	6.0	0.8	6.8
2017	-0.7	5.1	18	3.3	-9.2	0.2	-5.7
按当年公布的绝对数计算的年均增长率							
2012—2017	3.3	5.1	12.8	6.8	5.9	2.9	1.4

表30　外商及港、澳、台商投资工业各类型资本金占比

单位：%

年度	法人	国家	集体	个人	港、澳、台	外商
2012	20.5	4.5	0.7	3.4	25.0	45.8
2013	18.9	5.2	0.8	6.4	24.3	44.1
2014	20.0	5.5	0.8	4.2	24.2	45.5
2015	22.9	5.3	0.8	4.0	24.7	42.2
2016	21.1	5.9	0.8	4.2	24.2	43.9
2017	22.3	7.0	0.8	3.8	24.4	41.6

一、民企政策环境

——措施细致全面，落实须尽大力

2019年，国家出台了一系列深化经济体制改革、促进经济发展的政策，其中最受企业家关注的是习总书记在民营企业座谈会上的讲话精神的落实情况。2019年12月4日，中共中央、国务院发布《关于营造更好发展环境支持民营企业改革发展的意见》，坚持新发展理念，坚持以供给侧结构性改革为主线，营造市场化、法治化、国际化营商环境，保障民营企业依法平等使用资源要素、公开公平公正参与竞争、同等受到法律保护，推动民营企业改革创新、转型升级、健康发展，让民营经济创新源泉充分涌流，让民营企业创造活力充分迸发。

中央方针指引：2019年10月28日召开的中共十九届四中全会，审议并通过了《中共中央关于坚持和完善中国特色社会主义制度　推进国家治理体系和治理能力现代化若干重大问题的决定》，要求：健全支持民营经济、外商投资企业发展的法治环境，完善构建“亲”“清”政商关系的政策体系，健全支持中小企业发展制度，促进非公有制经济健康发展和非公有制经济人士健康成长。营造各种所有制主体依法平等使用资源要素、公开公平公正参与竞争、同等受到法律保护的市场环境。

12月10至12日，中央经济工作会议在北京举行，传递出中国经济发展的新走向，明确了明年要重点抓的六个方面的工作。①稳健的货币政策方面。稳健的货币政策要灵活适度，保持流动性合理充裕，货币信贷、社会融资规模增长同经济发展相适应，降低社会融资成本。要深化金融供给侧结构性改革，疏通货币政策传导机制，增加制造业中长期融资，更好缓解民营和中小微企业融资难融资贵问题。财政政策、货币政策要同消费、投资、就业、产业、区域等政策形成合力，引导资金投向供需共同受益、具有乘数效应的先进制造、民生建设、基础设施短板等领域，促进产业和消费“双升级”。②推进高质量发展方面。要支持战略性产业发展，支持加大设备更新和技改投入，推进传统制造业优化升级。要落实减税降费政策，降低企业用电、用气、物流等成本，有序推进“僵尸企业”处置。要健全体制机制，打造一批有国际竞争力的先进制造业集群，提升产业基础能力和产业链现代化水平。要大力发展数字经济。要更多依靠市场机制和现代科技创新推动服务业发展，推动生产性服务业向专业化和价值链高端延伸，推动生活性服务业向高品质和多样化升级。③深化经济体制改革方面。要完善产权制度和要素市场化配置，健全支持民营经济发展的法治环境，完善中小企业发展的政策体系。要加快金融体制改革，完善资本市场基础制度，提高上市公司质量，健全退出机制，稳步推进创业板和新三板改革，引导大银行服务重心下沉，推动中小银行聚焦主责主业，深化农村信用社改革，引导保险公司回归保障功能。（见表1）

表1　中央经济工作会议中民营经济相关内容

日期	民营经济相关工作	主要内容
2019.12.10	继续实施积极的财政政策和稳健的货币政策	货币政策要灵活适度，保持流动性合理充裕，降低社会融资成本。增加制造业中长期融资，更好缓解民营和中小微企业融资难融资贵问题。财政政策、货币政策要引导资金投向供需共同受益、具有乘数效应的先进制造、民生建设、基础设施短板等领域，促进产业和消费“双升级”

续表

日期	民营经济相关工作	主要内容
2019.12.10	着力推动高质量发展	要支持战略性产业发展，支持加大设备更新和技改投入，推进传统制造业优化升级。要落实减税降费政策，有序推进“僵尸企业”处置。要健全体制机制，打造一批有国际竞争力的先进制造业集群。要大力发展数字经济。要更多依靠市场机制和现代科技创新推动服务业发展
	深化经济体制改革	要完善产权制度和要素市场化配置，健全支持民营经济发展的法治环境，完善中小企业发展的政策体系。要加快金融体制改革，完善资本市场基础制度，稳步推进创业板和新三板改革，引导大银行服务重心下沉，推动中小银行聚焦主责主业，深化农村信用社改革，引导保险公司回归保障功能

中央政策支持：为落实中共代表大会与多次全会支持民营经济发展的大政方针，中央制定了若干政策文件。（见表2）

表2 中央政策中涉及民营经济相关文件

日期	标题
2019.1.24	中共中央、国务院《关于支持河北雄安新区全面深化改革和扩大开放的指导意见》
2019.2.14	中共中央办公厅、国务院办公厅印发《关于加强金融服务民营企业的若干意见》
2019.2.18	中共中央、国务院印发《粤港澳大湾区发展规划纲要》
2019.2.19	中共中央、国务院关于坚持农业农村优先发展做好“三农”工作的若干意见
2019.2.21	中共中央办公厅、国务院办公厅印发《关于促进小农户和现代农业发展有机衔接的意见》
2019.4.7	中共中央办公厅、国务院办公厅印发《关于促进中小企业健康发展的指导意见》
2019.4.14	中共中央办公厅、国务院办公厅印发《关于统筹推进自然资源资产产权制度改革的指导意见》
2019.5.5	中共中央、国务院关于建立健全城乡融合发展体制机制和政策体系的意见

续表

日期	标题
2019.5.12	中共中央办公厅、国务院办公厅印发《国家生态文明试验区（海南）实施方案》
2019.5.20	中共中央、国务院关于深化改革加强食品安全工作的意见
2019.5.23	中共中央、国务院关于建立国土空间规划体系并监督实施的若干意见
2019.8.18	中共中央、国务院关于支持深圳建设中国特色社会主义先行示范区的意见
2019.9.19	中共中央、国务院印发《交通强国建设纲要》
2019.10.26	中共中央、国务院关于促进中医药传承创新发展的意见
2019.11.1	中共中央办公厅、国务院办公厅印发《关于在国土空间规划中统筹划定落实三条控制线的指导意见》
2019.11.24	中共中央办公厅、国务院办公厅印发《关于强化知识产权保护的意见》
2019.11.28	中共中央、国务院关于推进贸易高质量发展的指导意见
2019.12.1	中共中央、国务院印发《长江三角洲区域一体化发展规划纲要》
2019.12.22	中共中央、国务院关于营造更好发展环境支持民营企业改革发展的意见
2019.12.25	中共中央办公厅、国务院办公厅印发《关于促进劳动力和人才社会性流动体制机制改革的意见》

2019年以来，中央全面深化改革领导委员会先后召开了六次会议，其中有五次讨论通过了民营经济相关的政策文件，有十二个文件直接或间接涉及推进民营经济健康发展与民营企业家健康成长问题。这些文件，有的作为中央文件出台，有的作为国务院文件出台，有的作为中央与政府部门文件出台。（见表3）

表3　中央全面深化改革委（组）会议中涉及民营经济相关文件

日期	重要文件
1.中央全面深化改革委员会第六次会议	
2019.1.23	《关于构建市场导向的绿色技术创新体系的指导意见》（通过）

续表

日期	重要文件
2.中央全面深化改革委员会第七次会议	
2019.3.19	《关于新时代推进西部大开发形成新格局的指导意见》
	《关于促进人工智能和实体经济深度融合的指导意见》
3.中央全面深化改革委员会第九次会议	
2019.7.24	《关于支持深圳建设中国特色社会主义先行示范区的意见》
	《中国—上海合作组织地方经贸合作示范区建设总体方案》
4.中央全面深化改革委员会第十次会议	
2019.9.19	《关于推动先进制造业和现代服务业深度融合发展的实施意见》
	《关于营造更好发展环境支持民营企业改革发展的意见》
	《关于推进贸易高质量发展的指导意见》
	《统筹监管金融基础设施工作方案》
5.中央全面深化改革委员会第十一次会议	
2019.11.26	《关于构建更加完善的要素市场化配置体制机制的意见》
	《关于加强农业科技社会化服务体系建设的若干意见》
	《中央有关部门贯彻落实党的十九届四中全会〈决定〉重要举措分工方案》

国家法律保护：中共十八大以来，全国人大修改了十多部有关经济发展的法律，另外还制定了多部相关法律。这些法律修改和制定，大都与支持、鼓励和保护民营经济发展相关。2019年8月26日，全国人大制定了《中华人民共和国资源税法》。

政府政策推进：为进一步落实宪法与中央大政方针，国务院制定了一系列关于民营经济与中小企业发展的文件。（见表4）

表4　国务院政策、法规中涉及民营经济相关文件

日期	文件名
1. “放管服”改革方面	
2019.2.15	国务院《关于在市场监管领域全面推行部门联合“双随机、一公开”监管的意见》

续表

2019.3.6	国务院《关于取消和下放一批行政许可事项的决定》
2019.3.26	国务院办公厅《关于全面开展工程建设项目审批制度改革的实施意见》
2019.4.10	国务院《关于修改部分行政法规的决定》
2019.4.16	国务院办公厅《关于推进养老服务发展的意见》
2019.4.29	国务院《关于修改部分行政法规的决定》
2019.9.12	国务院《关于加强和规范事中事后监管的指导意见》
2019.9.18	国务院《关于调整工业产品生产许可证管理目录加强事中事后监管的决定》
2019.11.15	国务院《关于在自由贸易试验区开展“证照分离”改革全覆盖试点的通知》

2.“大众创业 万众创新”方面

日期	文件名
2019.12.24	国务院《关于进一步做好稳就业工作的意见》

3.减税降费方面

日期	文件名
2019.10.9	国务院《关于印发实施更大规模减税降费后调整中央与地方收入划分改革推进方案的通知》

4.营商环境方面

日期	文件名
2019.3.26	国务院办公厅《关于全面开展工程建设项目审批制度改革的实施意见》
2019.9.12	国务院《关于加强和规范事中事后监管的指导意见》
2019.9.19	国务院办公厅《关于做好优化营商环境改革举措复制推广借鉴工作的通知》
2019.10.23	《优化营商环境条例》

司法机构跟进：最高检、最高法按照中央的要求，在保护民营企业合法权益、人身财产安全与纠正历史错案方面采取了一系列政策与执法措施，民营企业司法环境得到新的改善。（见表5）

表5　最高检、最高法出台的法律法规中涉及民营经济相关文件

日期	文件名
2019.1.27	最高人民法院、全国工商联《关于发挥商会调解优势 推进民营经济领域纠纷多元化解机制建设的意见》

续表

日期	文件名
2019.1.30	最高人民法院、最高人民检察院等三部门《关于办理非法集资刑事案件若干问题的意见》
2019.3.3	最高人民检察院、全国工商联《关于建立健全检察机关与工商联沟通联系机制的意见》
2019.4.9	最高人民法院、最高人民检察院等四部门《关于办理“套路贷”刑事案件若干问题的意见》
2019.4.9	最高人民法院、最高人民检察院等四部门《关于办理黑恶势力刑事案件中财产处置若干问题的意见》
2019.4.28	最高人民法院《关于适用〈中华人民共和国公司法〉若干问题的规定（五）》
2019.6.11	最高人民法院《关于深化执行改革健全解决执行难长效机制的意见——人民法院执行工作纲要（2019—2023）》
2019.6.21	最高人民法院《关于为设立科创板并试点注册制改革提供司法保障的若干意见》
2019.7.16	国家发展改革委、最高人民法院等十三部委《关于加快完善市场主体退出制度改革方案》
2019.8.22	中央全面依法治国委员会印发《关于加强综合治理从源头切实解决执行难问题的意见》的通知
2019.10.21	最高人民法院、最高人民检察院等四部门印发《关于办理非法放贷刑事案件若干问题的意见》的通知
2019.10.24	最高人民法院、最高人民检察院等五部门《关于适用认罪认罚从宽制度的指导意见》
2019.12.26	最高人民法院关于修改《关于民事诉讼证据的若干规定》的决定
2019.12.27	最高人民法院《关于人民法院为中国（上海）自由贸易试验区临港新片区建设提供司法服务和保障的意见》
2019.12.27	最高人民法院《关于人民法院进一步为“一带一路”建设提供司法服务和保障的意见》

二、民企营商环境

——整体明显改善，短板弱项仍存

2019年，中国经济仍处在较高景气区间，营商环境持续改善，在全球排名实现高位提升。特别是10月23日，国务院公布的《优化营商环境条例》，围绕市场主体需求，聚焦转变政府职能，将近年来“放管服”改革中行之有效的经验做法上升为法规，并对标国际先进水平，确立对内外资企业等各类市场主体一视同仁的营商环境基本制度规范，以政府立法为各类市场主体投资兴业提供制度保障。

同时，也要看到，尽管近年来中国营商环境明显提升，但相较国际一流水平仍存在一定差距。当前市场主体还面临着一些现实问题，营商环境仍需进一步优化，打造社会期待的一流营商环境依然任重道远。特别是打破所有制歧视，缓解民营企业融资难题，减轻企业负担，营造有利于民营经济发展的法治环境方面，还需要进一步加大工作力度。

（一）世界银行《营商环境报告》

2019年10月24日，世界银行界在美国华盛顿发布了《2020年营商环境报告》。报告显示，2019年全球营商环境排名前十的经济体分别为新西兰、新加坡、丹麦、韩国、美国、格鲁吉亚、英国、挪威、瑞典和中国香港。《2020年营商环境报告》中改善最为显著的经济体是沙特阿拉伯、约旦、多哥、巴林、塔吉克斯坦、巴基斯坦、科威特、中国、印度和尼日利亚。在2018—2019年度，这些国家实施了全球范围内记录的五分之一的改革。

报告显示，由于大力推进改革，中国连续两年跻身全球营商环境改善最大的经济体排名前十，2019年全球的排名更是由去年的46名上升至31名，在东亚太平洋地区位列第7位，仅次于日本。（见图1）

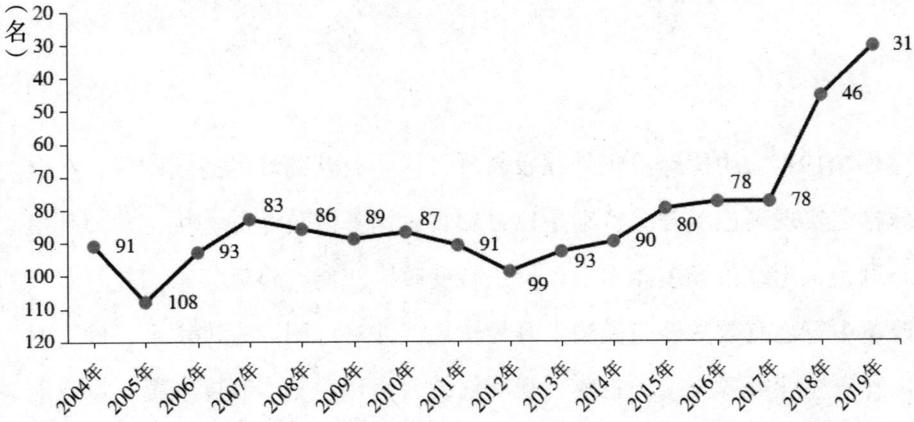

图1　历年中国营商便利性世界排名

资料来源：世界银行，大成企业研究院整理。

世界银行《2020年营商环境报告》的测评时间为2018年5月1日至2019年5月1日，以上海和北京作为样本城市，其中，上海权重为55%，北京为45%。报告评估的10项营商环境一级指标为开办企业、办理建筑许可证、获得电力、登记财产、获得信贷、保护少数投资者、纳税、跨境贸易、执行合同和办理破产。报告显示中国对其中的8项进行了改革，是参与测评的190个经济体中改善项目第二多的经济体之一，在满分100分中得到77.9分。

中国2019年度改善幅度最大、排名提升最多的，是办理建筑许可指标，上升88位，位列全球第33位；其次是中小投资者保护指标，上升36位，位列全球第28位。目前在中国办理施工许可证耗时111天，该指标得到了15分的满分，高于东亚地区132天和9.4分的平均水平。

中国也成为执行合同效率最高的经济体。本地企业家解决商业纠纷平均耗时496天，费用为索赔金额的16.2%，均好于地区平均水平。中国改善了司法行政质量，在这一指标的满分18分中得分17分，也是各经济体中的最高得分。（见表1）

表1　2020年中国营商环境便利度情况

	世界排名			营商环境便利度分数		
	2020年	2019年	排名提升	2020年	2019年	变化（%）
总体√	31	46	15	77.9	74	↑3.9
开办企业√	27	28	1	94.1	93.4	↑0.7
办理建筑许可证√	33	121	88	77.3	65.2	↑12.1
获得电力√	12	14	2	95.4	92	↑3.4
登记财产	28	27	–1	81	80.8	↑0.2
获得信贷	80	73	–7	60	60	—
保护少数投资者√	28	64	36	72	62	↑10
纳税√	105	114	9	70.1	67.9	↑2.2
跨境贸易√	56	65	9	86.5	83.4	↑3.1
执行合同√	5	6	1	80.9	79	↑1.9
办理破产√	51	61	10	62.1	55.8	↑6.3

注：“√”=营商环境改革使之更容易做生意。

资料来源：世界银行。

（二）国家统计局企业景气指数、制造业与非制造业指数

1. 企业景气指数

2019年第三季度企业景气指数为123.4，较2018年上升了0.7个百分点，总指数保持在120以上比较景气的区间，说明经济基本平稳。同期，企业家信心指数为124.3，比第二季度下降2.2个百分点，比2018年上升

0.7个百分点，说明企业家对宏观经济环境的感受良好，对经济发展信心保持平稳。（见表2）

表2 企业景气指数和企业家信心指数

	企业景气指数		企业家信心指数	
	2019年	2018年	2019年	2018年
总体	123.4	122.7	124.3	123.6
其中：大型企业	139.1	140.9	138.0	140.0
中型企业	127.6	127.7	128.1	128.1
小微型企业	119.1	117.1	120.2	118.5
其中：国有企业	130.3	126.6	131.2	127.4
私营企业	121.2	119.6	122.1	120.7
外资企业	124.7	127.0	124.8	127.5

注：表中为2018年与2019年第三季度数据。

资料来源：中国经济景气月报。

按企业规模分类：企业景气指数和企业家信心指数均为大型企业最高，中型企业次之，小微型企业最低。大型企业景气度较高且较为稳定，企业景气指数较第二季度上升了1.8个百分点，较2018年稍有下降，特别是企业家信心指数，较2018年下降了2个百分点；其次是中型企业，企业景气指数较第二季度上升了2.4个百分点，但较2018年同期下降了0.1个百分点，企业家信心指数与2018年持平，均为128.1；小微型企业景气指数较第二季度下降1.3个百分点，较2018年上升2个百分点，企业家信心指数较2018年增加1.7个百分点。

按所有制分类，国有企业和私营企业企业景气指数较2018年都有所上升，而外资企业则有所下降。其中，国有企业上升3.7个百分点，私营企业上升1.6个百分点，外资企业下降2.3个百分点。企业家信心指数，国有企业为131.2，较2018年同期增加了3.8个百分点，私营企业为122.1，较2018年同期上升1.4个百分点，而外资企业则下降了2.7个百分点。

2. 中国制造业采购经理指数运行情况

2019年12月，中国制造业采购经理指数（PMI）为50.2%，与上月持平，比10月上升0.9个百分点，在连续6个月低于临界点后，连续两个月回到扩张区间。（见图2）

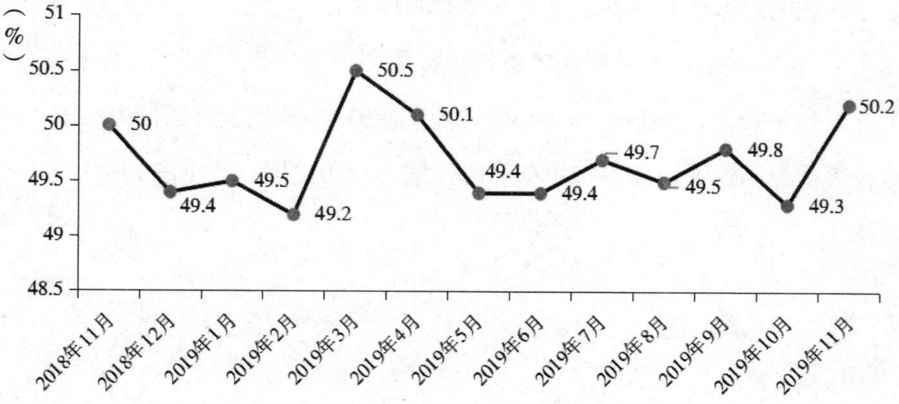

图2 制造业PMI指数

资料来源：国家统计局，数据均为季节调整后数据。

从企业规模看，大型企业PMI为50.6%，比上月回落0.3个百分点，中型企业PMI为51.4%，比上月上升1.9个百分点，大、中型企业PMI均位于临界点之上；小型企业PMI为47.2%，比上月下降2.2个百分点，位于临界点之下。

从分类指数看，在构成制造业PMI的5个分类指数中，生产指数、新订单指数和供应商配送时间指数高于临界点，原材料库存指数和从业人员指数低于临界点。

生产指数为53.2%，比上月上升0.6个百分点，继续位于临界点之上，表明制造业企业生产扩张持续加快。

新订单指数为51.2%，比上月微落0.1个百分点，连续两个月位于临界点之上，表明制造业市场需求继续增长。

原材料库存指数为47.2%，比上月下降0.6个百分点，位于临界点之下，表明制造业主要原材料库存量减少。

从业人员指数为47.3%，与上月持平，表明制造业企业用工景气度稳定。

供应商配送时间指数为51.1%，比上月上升0.6个百分点，位于临界点之上，表明制造业原材料供应商交货时间加快。

3. 中国非制造业采购经理指数运行情况

2019年12月，非制造业商务活动指数为53.5%，比上月回落0.9个百分点，表明非制造业总体保持扩张态势，增速有所放缓。（见图3）

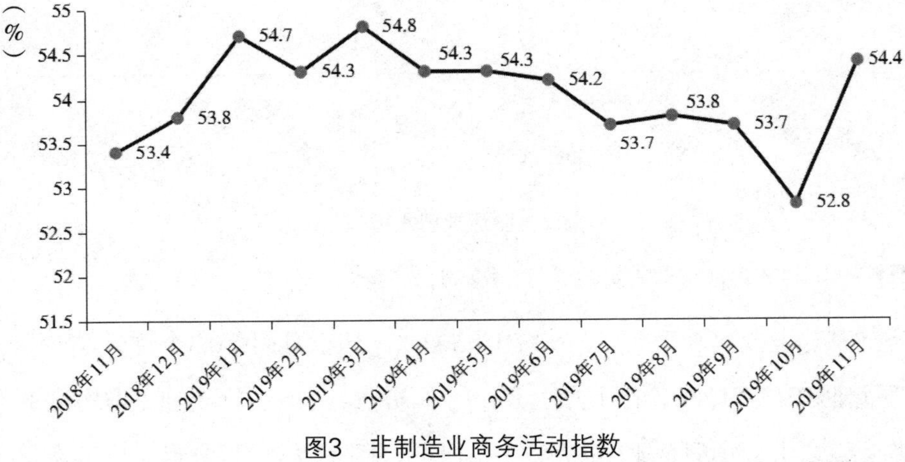

图3 非制造业商务活动指数

资料来源：国家统计局，数据均为季节调整后数据。

分行业看，服务业商务活动指数为53.0%，比上月回落0.5个百分点。从行业大类看，铁路运输业、住宿业、电信广播电视和卫星传输服务、互联网软件信息技术服务、金融业、租赁及商务服务业等行业商务活动指数位于55.0%以上，业务活动较为活跃；批发业、房地产业等行业商务活动指数位于收缩区间。建筑业商务活动指数为56.7%，比上月回落2.9个百分点，继续保持较高景气水平。

新订单指数为50.4%，比上月回落0.9个百分点，位于临界点之上。分行业看，服务业新订单指数为50.0%，比上月回落0.5个百分点；建筑业新订单指数为52.9%，比上月回落3.1个百分点。

投入品价格指数为52.4%，比上月回落0.8个百分点，位于临界点之上，表明非制造业企业用于经营活动的投入品价格总体水平涨幅收窄。分行业看，服务业投入品价格指数为52.3%，比上月回落0.3个百分点；建筑业投入品价格指数为53.0%，比上月回落3.3个百分点。

销售价格指数为50.3%，虽比上月回落1.0个百分点，但仍位于临界点之上，表明非制造业销售价格总体水平较上月小幅上涨。分行业看，服务业销售价格指数为49.9%，比上月下降1.2个百分点；建筑业销售价格指数为52.2%，比上月回落0.4个百分点。

从业人员指数为48.3%，比上月下降0.7个百分点，位于临界点之下。分行业看，服务业从业人员指数为47.9%，比上月微升0.1个百分点；建筑业从业人员指数为50.7%，比上月回落4.8个百分点。

业务活动预期指数为59.1%，虽比上月回落1.9个百分点，但仍位于较高景气区间，表明非制造业企业对未来市场发展比较乐观。分行业看，服务业业务活动预期指数为59.1%，比上月回落1.5个百分点；建筑业业务活动预期指数为59.2%，比上月回落3.9个百分点。

（三）全国工商联《2019万家民营企业评价营商环境报告》

2019年11月2日，全国工商联在温州发布了《2019万家民营企业评价营商环境报告》。《2019万家民营企业评价营商环境报告》共有全国31个省（区、市）、200个城市的41275家企业参与，有效问卷35500份，各类数据超过1600万个。参评企业覆盖25个行业的大、中、小企业。

报告指出，总体上看，全国营商环境整体持续向好，企业对上海、浙江、北京、江苏、广东等地的营商环境满意度最高。从城市上看，企业对杭州、深圳、宁波、南京、绍兴、苏州、广州、厦门、无锡、长沙等城市营商环境满意度最高。从区域上看，企业对东部省份营商环境的满意度优于中西部省份，对中西部省份营商环境的满意度有所提升。长三角、珠三角城市的营商环境评价普遍向好，中西部城市营商环境评价整体好于东北部城市。

1. 经济下行压力加大，投资信心有所回升

当前，国内外经济形势依然复杂严峻，国内经济面临下行压力。调查显示，样本企业中2018年营收总额增长的占比为44.04%，利润率提升的占比仅为38.47%。在此背景下，市场主体活力不减，最主要原因是营商环境的优化与改善，提振了企业家投资兴业的信心。调查显示，对当地经济前景的信心、本企业盈利前景的信心较高的企业占全部调查企业的比例均超过50%。

2. 融资难问题有所改善，融资成本有所降低

调查显示，2018年1月以来，使用过银行贷款的企业占66.18%，使用商业承兑汇票的企业占20.58%，采取委托中间机构贷款的企业占11.05%，使用其他直接融资渠道的占比不足10%，银行仍然是民营企业的主要融资渠道。从申贷成功率来看，2018年以来企业申贷成功率较高，成功率在80%～100%的企业占比高达80%，申贷成功率低于80%的企业占比不足10%，融资难问题有所改善。

融资成本有所降低，2018年1月以来获得银行贷款的企业中，71.12%的企业表示银行贷款综合年化利率在7%及以下，年化利率超过10%的仅占7.52%。

从获得金融支持难易度来看，企业对从银行渠道获得贷款满意度比政府产业基金及风投渠道满意度要高，直接融资难度较大。金融供需缺口较大的渠道主要有A股上市融资、新三板融资、通过风投机构获得融资。

支持实体经济的金融政策和金融创新工具逐步落地，超过6成的调查企业实际享受到纾困专项债、绿色债等政策。

企业反映银行贷款获得障碍较多，效率待优化，资金管理费等违规收费一定程度存在；银行贷款中仍存在盲目压贷、减少授信、以贷转存等不合理现象，其中减少授信现象最为突出。

3. 减税降费普惠效应显现，多数小微企业受益

调查显示，54.39%的企业对减税降费总体效果满意。其中个人所得税专项附加扣除、增值税税率降低、企业研发费用加计扣除三项政策实施效果较好。

企业对税费调降较有获得感，44.86%的企业认为有所下降，29.94%的企业表示没有变化，25.20%的企业认为有所上升。从纳税办理过程来看，企业满意度较高的是申报纳税、发票办理、税务登记；就税种来看，对教育费附加、印花税、城市维护建设税减负效果评价较高。

从减税的普惠效果来看，企业对浙江、山东、江苏等省份的总体评价较高。

4. 拖欠民营企业款项清理力度较大，大批民营企业为之受益

2018年年底以来，各级政府大力开展拖欠民营企业款项清理工作，一大批民营企业为之受益。企业对上海、浙江、江西三地的相关工作给予的评价较高。如，江西出台专项政策要求，政府建设类资金优先用于清偿政府投资项目拖欠工程款。

5. 企业要素保障整体良好，但下降幅度较小

总体来看，企业对要素获得与保障的评价较高。其中，对用电、用水的获得与保障满意度最好。对用工、用地、物流设施满意度较低，均低于对要素获得与保障的总体评分。

从全国总体来看，要素成本下降幅度较小。企业对用网、用电成本下降满意度较高，对用工、用地、物流成本下降满意度较低。说明用工、用地、物流成本依然困扰企业经营发展，难题待破解。

6. 营商环境法治化程度提升，涉企产权保护更加规范

调查企业对行政执法和公检法司的满意度均较高，其中“执法程序”符合法律规定满意度最高。法治氛围总体较好，公检法部门和政府部门的守法意识明显增强。

就维权渠道或手段而言，企业对工商联等协助维权的满意度最高，排第二位的维权渠道是司法，说明企业对司法公正保持基本信任和稳定预期。

调查显示，与民营企业权益保护高度相关的两项工作：合理使用拘留、查封财产等强制措施、防止刑事手段介入涉企民事纠纷等措施，受到企业评价较高。

在对公检法司等部门的评价中，企业对公安部门的满意度最高。就法院、检察院和司法部门工作而言，企业对立案受理情况、保障律所和公证机构更好为企业或企业家提供专业服务情况，以及行使批准逮捕情况的满意度最高。此外，东部地区企业对维权满意度总体评价较高。就公安工作来说，企业对维护社会治安的满意度最高。新疆在全国各地的该项评价靠前，表明新疆的社会治安广受当地企业认可。

7. “放管服”成效显著，服务便利化大幅提升

调查显示，企业对政务环境给予高度认可。就相关政策的落实结果来看，行政审批改革初见成效，企业满意度普遍较高。其中服务态度、审批费用、在线审批三项工作最受企业肯定。

企业对政务服务便利化中的开办企业便利度、一网通办便利度、登记财产便利度三项较为满意。针对城市政务服务大厅和在线服务平台方面的问题，主要体现在政务大厅排队等候时间长、政务大厅服务窗口未一次性告知所需材料等。

企业满意度偏低的是中介组织、行业协会等有偿服务，需进一步整治政府部门下属单位、行业协会商会、中介机构的违规行为。

8. 政府部门服务意识增强，政商关系满意度有所提高

71.3%的企业对当地政商关系满意度较高。其中，企业对政商交往行为规范满意度最高，如温州率先创设“三清单、一承诺”制度。相对而言，对企业帮扶力度评分满意度略低。

政府诚信改善初见成效，近七成的企业没有遇到或听说政府有失信行为；政府诚信建设强化，政府拖欠款项清理力度大。自2018年年底以来，各级政府大力开展拖欠民营企业款项清理工作，不少民营企业受益。

企业反映遇到一些问题，主要集中在项目扶持资金不到位、到位慢（37.19%），政府部门相互推诿扯皮、不担当（33.55%），政策不连续、“存在新官不认旧账”现象（32.94%）。

少数企业反映了目前存在的一些问题，如涉企服务中，故意刁难、办事拖拉、推诿扯皮（12.35%），排名最高；其次是把普惠性政策优惠当成熟人的“福利”“红包”（9.85%），强制或暗示企业购买指定产品或服务（9.25%）、对企业随意性执法，向企业乱摊派、乱检查、乱收费（9.09%），在市场准入、项目审批、税收征管等环节吃拿卡要（8.66%）。

（四）中国人民银行企业家问卷调查

企业家问卷调查是中国人民银行自1992年起建立的一项季度调查。调查对象为全国范围内（除西藏外）的5000多户工业企业，调查内容主要包括企业总体生产状况、生产要素状况、市场需求状况、资金状况、成本效益状况、投资状况和其他七个方面。指数在50%以上，反映该项指标处于向好或扩张状态；低于50%，反映该项指标处于变差或收缩状态。

2019年第三季度中国人民银行企业家问卷调查结果显示：

宏观经济热度指数为32.4%，比上季度低2.1个百分点，比上年同期低

4.8个百分点。其中，36.6%的企业家认为宏观经济“偏冷”，62.6%的企业家认为“正常”，1.1%认为“偏热”。

经营景气指数为53.3%，比去年同期低3.6个百分点。其中，21.5%的企业家认为本季度企业经营状况“较好”，63.6%认为“一般”，14.9%认为“较差”。盈利指数为55.3%，比去年同期低3.6个百分点。其中，34.8%的企业家认为比上季度“增盈或减亏”，41.0%认为“盈亏不变”，24.2%认为“增亏或减盈”。

资金周转指数为57.8%，比去年同期提高0.8个百分点。销货款回笼指数为61.8%，比去年同期低1.0个百分点。出口订单指数为44.5%，比去年同期下降4.0个百分点。国内订单指数为47.0%，比去年同期下降2.6个百分点。产品销售价格感受指数为45.7%，比去年同期下降5.3个百分点。原材料购进价格感受指数为56.3%，比去年同期下降8.0个百分点。（见表3）

表3　5000户企业家调查问卷指数表

单位：%

时间	企业家宏观经济热度指数	企业家信心指数	产品销售价格感受指数	原材料购进价格感受指数	国内订单指数	出口订单指数	资金周转指数	销货款回笼指数	经营景气指数	盈利指数
2019.Q3	32.4	—	45.7	56.3	47.0	44.5	57.8	61.8	53.3	55.3
2019.Q2	34.5	—	47.3	58.7	48.8	46.3	57.8	62.3	55.0	56.6
2019.Q1	34.1	69.2	47.0	58.8	44.2	42.9	58.6	62.8	54.8	52.3
2018.Q4	35.4	67.8	50.8	63.1	50.1	45.5	58.1	63.1	57.9	58.7
2018.Q3	37.2	71.1	51.0	64.3	49.6	48.5	57.0	62.8	56.9	58.9
2018.Q2	40.1	75.8	52.1	64.8	52.7	50.8	57.8	62.7	58.5	59.7
2018.Q1	38.9	74.3	52.9	66.1	47.6	45.0	58.7	63.8	58.6	56.7
2017.Q4	38.6	71.8	56.1	68.6	53.0	48.5	58.8	63.8	59.8	61.5

续表

时间	企业家宏观经济热度指数	企业家信心指数	产品销售价格感受指数	原材料购进价格感受指数	国内订单指数	出口订单指数	资金周转指数	销货款回笼指数	经营景气指数	盈利指数
2017.Q3	35.9	68.7	52.5	65.4	50.2	49.6	56.7	61.3	55.5	57.6
2017.Q2	34.0	65.4	50.7	52.9	50.6	50.4	55.8	60.5	54.6	56.1
2017.Q1	31.3	61.5	53.6	68.0	44.0	41.7	56.3	60.0	52.7	49.9
2016.Q4	27.8	54.2	51.7	63.1	49.9	45.6	54.6	59.0	52.6	57.1
2016.Q3	25.2	51.2	46.9	56.7	46.0	46.9	53.4	57.3	50.3	54.7
2016.Q2	24.1	49.0	45.6	54.9	46.6	46.5	52.4	55.8	48.3	52.7
2016.Q1	21.1	43.7	39.5	47.6	39.1	41.0	52.4	55.6	46.7	47.2
2015.Q4	22.7	46.0	39.2	46.2	42.5	43.7	52.0	55.8	48.4	50.5
2015.Q3	24.5	50.5	39.1	47.3	43.3	46.3	52.5	56.5	49.4	51.1
2015.Q2	29.3	58.3	43.3	51.8	46.3	48.7	53.4	57.4	51.8	52.8
2015.Q1	29.2	59.2	41.5	49.9	42.5	44.2	54.2	59.1	52.8	51.0
2014.Q4	31.1	61.0	43.0	51.5	46.5	47.9	54.3	59.2	54.5	55.0
2014.Q3	32.2	63.6	44.5	55.3	46.9	49.9	55.6	59.6	54.9	55.0
2014.Q2	32.8	64.9	44.5	54.5	48.5	49.7	56.0	59.9	55.4	54.1
2014.Q1	33.4	67.0	44.6	56.3	44.4	45.4	56.5	61.0	55.3	50.9

数据来源：中国人民银行调查统计司。

注：自2019年第二季度开始中国人民银行不再公布企业家信心指数。

（五）全国工商联——民营企业500强营商环境

根据《2019年民营企业500强调研分析报告》显示，近三年来，影响民营企业发展的因素仍然主要集中于用工成本上升、税费负担重、融资难融资贵等方面。与前两年相比，这些因素并没有明显缓解。2018年，用工、税费、融资问题仍是制约民营企业发展的前三大影响因素。用工成本上升连续五年成为影响民营企业500强发展的最主要因素。近年来，随着一系列减税降费、扶持民营企业发展的政策举措出台，税费负担重、市场秩序不规范等问题有所好转。

在市场环境方面，用工成本上升、融资难融资贵、国内市场需求不足的影响较大。在公共政策环境方面，税费负担重的影响有小幅改善，减税政策的传导落地仍需时间。节能减排政策对民营企业500强的影响较大。在法治环境方面，市场秩序不够规范和对知识产权的保护不够这两个因素仍是民营500强企业关注的重点。在社会环境方面，民营经济的负面舆论较多，仍是500强企业关注的焦点。

习近平总书记主持召开民营企业座谈会后，各地党委政府高度重视民营企业营商环境建设，在政府服务、社会舆论、科技创新、减税降费等方面已有明显改善。但在融资支持、维护自身权益、市场准入等方面的改善不明显。有391家500强企业认为所在地政府出台的一系列配套措施实际执行力度较大，占参与调研企业总数的89.07%，其中认为已产生明显效果的企业数量230家，占参与调研企业总数的52.39%。但也有个别企业认为地方政府配套政策执行迟缓或难以执行、政策流于形式等。

（六）大成企业首脑沙龙问卷调查情况

大成企业首脑沙龙由北京大成企业研究院主办，沙龙参加者主要为国内知名大型民营企业的董事长或主要决策人。大成企业首脑沙龙每年分春、秋两次举行，2014年至今，已经举办了12次。每次沙龙期间，都会向参会企业家进行问卷调查，主要调查企业家们对当前宏观经济形势判断以及对我国营商环境的评价和建议。

从历次大成企业首脑沙龙问卷调查的情况来看，关于优化企业营商环境需重点解决的问题，企业家们一直最关注以下几个方面：劳动力成本上升、融资成本太高、融资难、资金链紧、税费负担过重、民营企业地位不平等、政府部门不作为和企业家缺乏安全感。

2019年11月，大成企业首脑沙龙（2019·铜官窑）在湖南长沙举行，60余位国内知名大型民营企业的董事长或主要决策人参加。此次沙龙问卷调查显示，关于优化企业营商环境需重点解决的问题，61.1%的企业家认为是民营企业地位不平等，57.4%的企业家认为是融资难、资金链紧，有55.6%的企业家认为是劳动力成本上升、融资成本太高和税费负担过重，有51.9%的企业家认为是企业家缺乏安全感和政府部门不作为。

三、民间投资增长

——增速有所放缓，增量占比趋降

2019年以来，受国际大环境变化和经济转型发展影响，固定资产投资增速放缓，民间投资增速整体回落。虽然民间投资增速仍然处于历史低位，受益于基础设施、民生等短板领域投资稳步增长，制造业转型升级投资、高技术等新动能投资持续发力的后续效应，民间投资呈相对平稳态势，但保信心、稳投资的任务仍十分艰巨。

（一）民间固定资产投资情况

2019年1—12月，全国投资总额（不含农户，下同）551478亿元，同比增长5.4%。其中，民间投资311159亿元，同比增长4.7%。2019年民间投资增速整体回落，增速较2018年年底回落了4个百分点。（见表1、图1）。

2019年1—12月，在可比的31个行业中，民间投资正增长行业18个，其中10个行业增长率高于全国同行业水平；负增长行业12个，其中11个行业下降率高于全国同行业水平。

表1　全国、国有控股、民间固定资产投资年度数据

单位：亿元、%

时间	全国固定资产投资		国有及国有控股投资		民间投资		
	绝对值	同比增长	绝对值	同比增长	绝对值	同比增长	占比
2012年	364835	20.6	123694	14.7	223982	24.8	61.4
2013年	436528	19.6	144056	16.3	274794	23.1	62.9
2014年	502005	15.7	161629	13.0	321576	18.1	64.1

续表

时间	全国固定资产投资		国有及国有控股投资		民间投资		
	绝对值	同比增长	绝对值	同比增长	绝对值	同比增长	占比
2015年	551590	10.0	178933	10.9	354007	10.1	64.2
2016年	596501	8.1	213096	18.7	365219	3.2	61.2
2017年	631684	7.2	232887	10.1	381510	6.0	60.4
2018年	635636	5.9		1.9	394051	8.7	62
2019年	551478	5.4		6.8	311159	4.7	56.4

注：数据源自国家统计局，民间投资占比或贡献率为大成课题计算，下同。

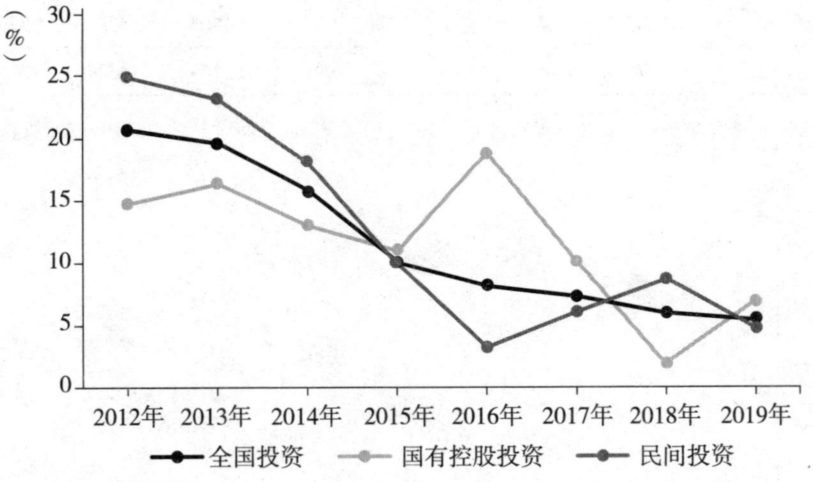

图1　2012年以来全国、国有控股、民间投资同比增长情况

2019年1-12月全国投资总额中，民间投资占56.4%，占比较2018年底回落了5.6个百分点。2012年以来民间投资占比始终保持在55%以上。（见表2、图2）。

表2　全国、国有控股、民间固定资产投资月度数据

单位：亿元、%

时间	全国固定资产投资		国有及国有控股投资		民间投资		
	绝对值	同比增长	绝对值	同比增长	绝对值	同比增长	占比
2017.12	631684	7.2	232887	10.1	381510	6.0	60.4

续表

时间	全国固定资产投资		国有及国有控股投资		民间投资		
	绝对值	同比增长	绝对值	同比增长	绝对值	同比增长	占比
2018.3	100763	7.5		7.1	62386	8.9	61.9
2018.6	297316	6.0		3.0	184539	8.4	62.1
2018.9	483442	5.4		1.2	301664	8.7	62.4
2018.12	635636	5.9		1.9	394051	8.7	62
2019.3	108171	6.3		6.7	61492	6.4	56.8
2019.6	299100	5.8		6.9	180289	5.7	60.3
2019.9	461204	5.4		7.3	264805	4.7	57.4
2019.12	551478	5.4		6.8	311159	4.7	56.4

注：数据源自国家统计局，2018年起国家统计局只公布全国和民间固定资产投资的绝对数。

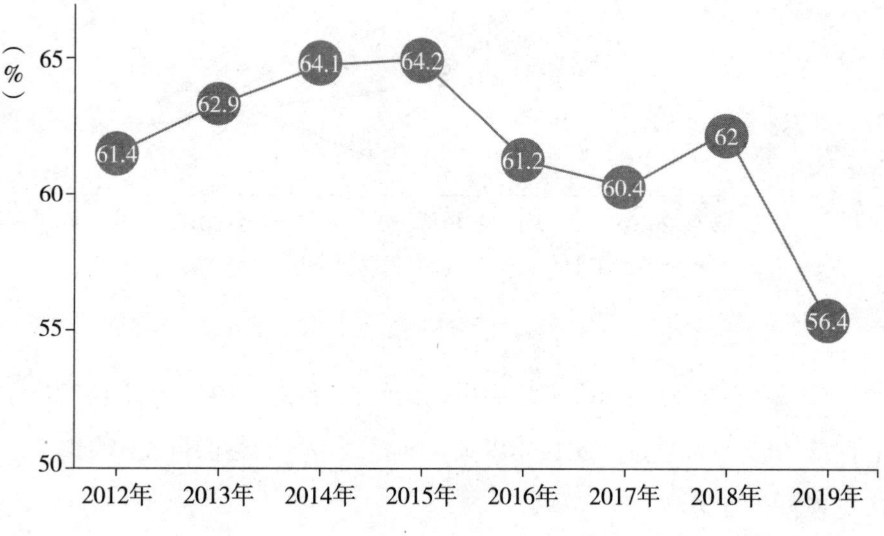

图2 2012年以来民间投资所占比重情况

2019年1–12月，全国投资增量29780亿元，其中民间投资增量14624亿元，占全国增量的49.1%（见表3、图3）。

表3　2013年以来民间投资增量贡献率情况

单位：亿元、%

时间	全国投资同比增量	民间投资同比增量	增量贡献率
2013年	71693	50812	70.9
2014年	65477	46782	71.4
2015年	49585	32431	65.4
2016年	44911	11212	25.0
2017年	35183	16291	46.3
2018年	37502.5	34282.4	91.4
2019年	29780	14624	49.1

注：同比增量数据源自国家统计局，民间投资增量贡献率由民间投资同比增量除以全国投资同比增量计算而得，本节下同。

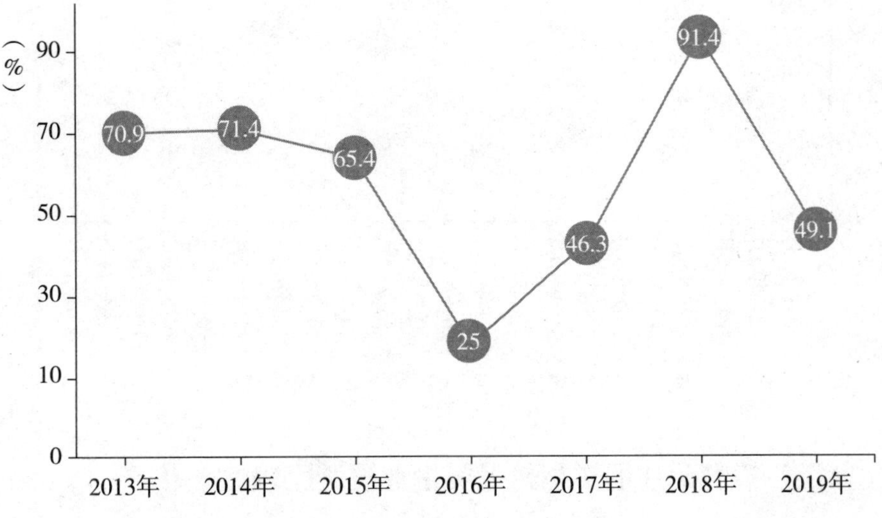

图3　2013年以来民间投资增量贡献率情况

从2018—2019年的季度数据中民间投资的增量贡献率来看，2018年前三个季度民间投资贡献率稳步上升，到第四季度开始回调，至2019年第一季度呈现大幅下降，后维持在50%的增量贡献率上下波动（见表4、图4）。

表4　2018年以来民间投资增量贡献率季度数据

单位：亿元、%

时间	全国投资同比增量	民间投资同比增量	增量贡献率
2018.3	6986	5073	72.6
2018.6	16711	14300	85.6
2018.9	24964	24144	96.7
2018.12	37502.5	34282.4	91.4
2019.3	6814.8	3935.5	57.75
2019.6	17347.8	10276.5	59.2
2019.9	24905	12446	50
2019.12	29780	14624	49.1

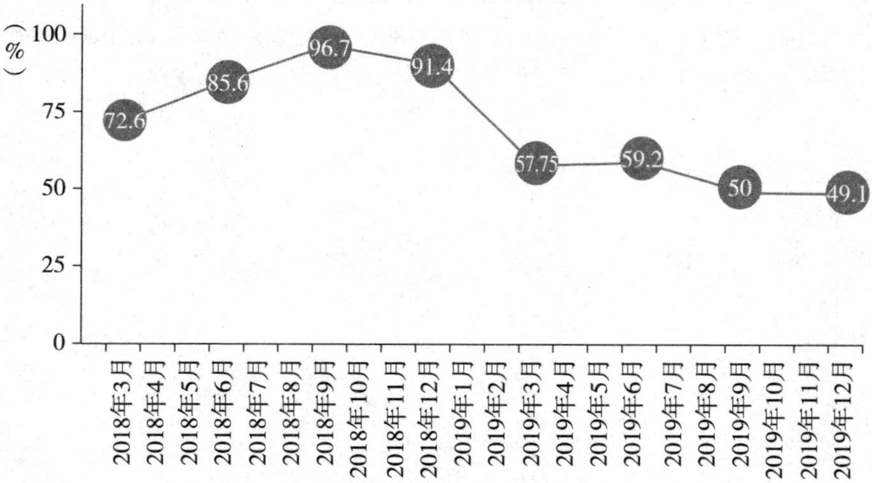

图4　2018年以来民间投资增量贡献率情况

（二）按登记注册类型分各类企业投资比较

按登记注册类型分，2019年国有企业投资增速同比下降1.7%，同2018年年底相比上升0.9个百分点；有限责任公司同比增长17.1%，同2018年年底相比上升17.5个百分点；私营企业同比下降2.6%，同2018年年底相比降低27.9个百分点；港、澳、台商投资同比增长7.5%，同2018年年底相比上升19个百分点；外商投资同比下降0.7%，同2018年年底相比降低6.8

个百分点。（见表5、图5）

表5　2012年以来按登记注册类型分固定资产投资同比增长年度情况

单位：%

项目	2012年	2013年	2014年	2015年	2016年	2017年	2018年	2019年
全国投资	20.6	19.6	15.7	10.0	8.1	7.2	5.9	5.4
其中：国有企业	15.7	17.4	15.1	11.8	–6.7	9.0	–2.6	–1.7
集体企业	18.1	14.4	14.9	1.7	–42.0	–13.2	–19.6	1.7
股份合作企业	10.6	20.3	10.8	–10.6	–31.2	–10.3	–28.3	10.9
联营企业	29.0	12.2	16.1	3.3	–47.9	–19.3	–11.5	–9.4
有限责任公司	17.5	14.6	11.5	7.0	35.4	5.3	–0.4	17.1
股份有限公司	13.0	6.3	–3.9	–6.9	–15.7	–2.5	0	12.4
私营企业	30.3	32.9	24.5	14.6	10.1	11.2	25.3	–2.6
港、澳、台商投资	14.5	4.5	–0.3	–2.8	12.4	–2.7	–11.5	7.5
外商投资	34.3	8.6	2.0	9.9	5.7	5.2	6.1	–0.7
个体经营	8.0	7.0	8.7	0.0	18.5	–4.0	–9.3	0.4

注：数据源自国家统计局。

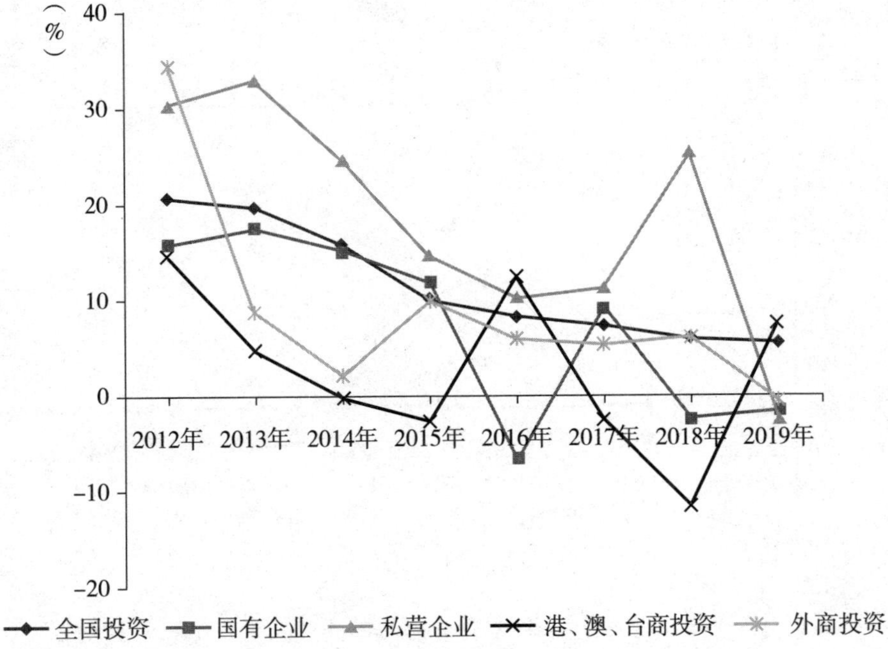

图5　2012年以来按登记注册类型分固定资产投资同比增长情况

2019年，私营企业投资意愿下降明显，同比下降2.6%，增速明显低于全国平均水平；国有企业固定资产投资降速有所回落，保持负增长；外商投资增速明显下降；港、澳、台商投资降幅企稳。（见表6、图6）

表6　2018年以来按登记注册类型分固定资产累计投资同比增长情况

单位：%

项目	2018年1–3月	2018年1–6月	2018年1–9月	2018年1–12月	2019年1–3月	2019年1–6月	2019年1–9月	2019年1–12月
全国投资	7.5	6	5.4	5.9	6.3	5.8	5.4	5.4
其中：国有企业	6.4	2.1	–2.2	–2.6	0.2	–3.1	–2.8	–1.7
集体企业	–9.4	–9.6	–12.7	–19.6	–19.2	–16.8	–14.8	1.7
股份合作企业	–20.7	–14.8	–30.7	–28.3	–5.2	–6.2	–12.5	10.9
联营企业	–24.5	–25.3	–9.3	–11.5	4.1	–19.2	–18.8	–9.4
有限责任公司	4.4	2.3	4.3	–0.4	8.9	10.3	12.5	17.1
股份有限公司	2	1.2	1.9	0	4.7	6.9	10.6	12.4
私营企业	16.1	16	15.2	25.3	8.9	8.6	3.9	–2.6
其他企业	14.2	8.7	3.5	0	–6.5	–13.4	–11.4	7.5
港、澳、台商投资	–8	–5.1	–6	–11.5	2.8	1.1	2.4	–0.7
外商投资	–6.1	2.3	4.7	6.1	8.7	1.2	1.8	0.4
个体经营	11.7	–15.4	–13.1	–9.3	1.4	3.4	–1	2.2

注：数据源自国家统计局。

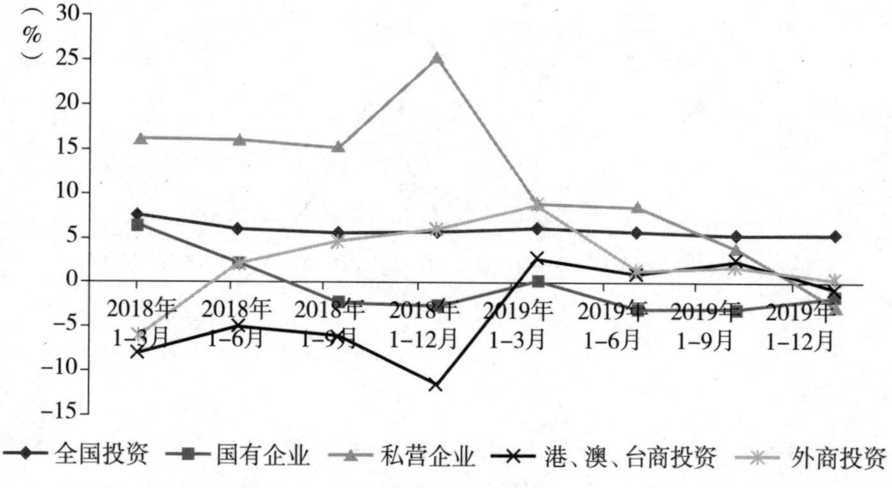

图6　2018年以来按登记注册类型分固定资产累计投资同比增长情况

（三）各行业民间投资比较分析

对比各行业大类的全国投资年度增长情况，2019年，采矿业（24.1%），教育（17.7%），文化、体育和娱乐业（13.9%）投资同比增速最高；建筑业（-63.8%），公共管理、社会保障和社会组织（-15.6%）投资同比增速为负。其中，3个行业（采矿业，教育，文化、体育和娱乐业）投资增速高于全国水平，8个行业（农、林、牧、渔业，制造业，电力、热力、燃气及水生产和供应业，建筑业，交通运输、仓储和邮政业，水利、环境和公共设施管理业，卫生和社会工作，公共管理、社会保障和社会组织）投资增速低于全国水平。（见表7、图7）

对比各行业大类的民间投资年度增长情况，2019年，教育（28.3%），采矿业（18.8%），文化、体育和娱乐业（16.5%）民间投资同比增速最高；建筑业（-64.2%），公共管理、社会保障和社会组织（-21.9%），电力、热力、燃气及水生产和供应业（-5.9%），水利、环境和公共设施管理业（-1.9%）民间投资同比增速为负。其中，3个行业（采矿业，教育，文化、体育和娱乐业）投资增速高于全国水平，8个行业（农、林、牧、渔业，制造业，电力、热力、燃气及水生产和供应业，建筑业，交通运输、仓储和邮政业，水利、环境和公共设施管理业，卫生和社会工作，公共管理、社会保障和社会组织）投资增速低于全国水平。固定资产投资同比增长年度情况，民间投资在各行业大类的变化趋势与全国投资保持一致。（见表7）

同2018年底相比，2019年，3个行业（电力、热力、燃气及水生产和供应业，采矿业，教育）全国投资增速高于去年，6个行业（农、林、牧、渔业，制造业，交通运输、仓储和邮政业，水利、环境和公共设施管理业，卫生和社会工作，文化、体育和娱乐业）全国投资增速低于去年。（见表8）

2019年，3个行业（采矿业，电力、热力、燃气及水生产和供应业，教育）民间投资增速高于去年，8个行业（农林牧渔业，制造业，建筑业，交通运输、仓储和邮政业，水利、环境和公共设施管理业，卫生和社会工作，文化、体育和娱乐业，公共管理、社会保障和社会组织）民间投资增速低于去年。（见表8）

表7　按行业大类分固定资产投资同比增长年度情况

单位：%

项目	2015年		2016年		2017年		2018年		2019年	
	全国	民间	全国	民间	全国	民间	全国	民间	全国	民间
全国投资	10.0	10.1	8.1	3.2	7.2	6.0	5.9	8.7	5.4	4.7
农、林、牧、渔业	30.8	32.8	19.5	16.0	9.1	12.0	12.3	12.4	0.7	2.1
采矿业	−8.8	−9.9	−20.4	−13.0	−10.0	−19.0	4.1	13.3	24.1	18.8
制造业	8.1	9.1	4.2	3.6	4.8	4.8	9.5	10.3	3.1	2.8
电力、热力、燃气及水生产和供应业	16.6	33.4	11.3	11.8	0.8	4.6	−6.7	−8.3	4.5	−5.9
建筑业	10.2	10.4	9.5	−2.4		−11.9		0.2	−63.8	−64.2
交通运输、仓储和邮政业	14.3	24.5	−0.2	−29.7	14.8	3.5	3.9	1.2	3.4	0.8
水利、环境和公共设施管理业	20.4	29.2	20.7	13.7	21.2	20.8	3.3	6.7	2.9	−1.9
教育	15.2	15.8	4.3	−25.6	20.2	13.2	7.2	12.5	17.7	28.3
卫生和社会工作	29.7	53.3	8.1	3.2	18.1	25.4	8.4	7.7	5.3	2.9
文化、体育和娱乐业	8.9	11.3	9.1	6.8	12.9	13.9	21.2	39.3	13.9	16.5
公共管理、社会保障和社会组织	9.1	25.9	12.0	5.9		−16.5		−21.6	−15.6	−21.9

注：数据源自国家统计局。

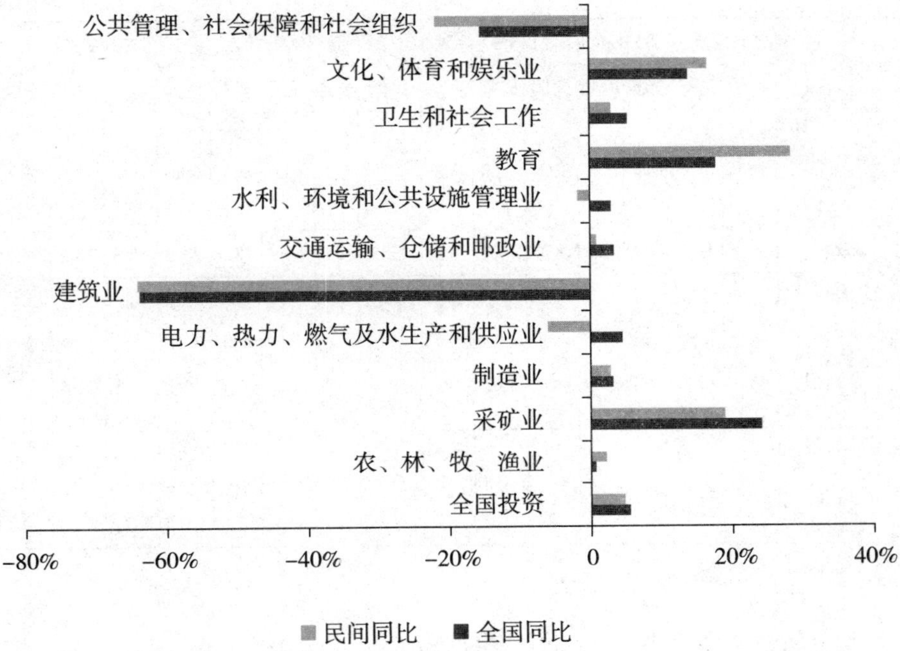

图7　2019年各行业大类固定资产投资同比增长情况

表8　2018年以来按行业大类分固定资产投资同比增长季度情况

单位：%

项目	2018.3		2018.6		2018.9		2018.12		2019.3		2019.6		2019.9		2019.12	
	全国	民间	全国	民间	全国	民间	全国	民间	全国	民间	全国	民间	全国	民间	全国	民间
全国投资	7.5	8.9	6.0	8.4	5.4	8.7	5.9	8.7	6.3	6.4	5.8	5.7	5.4	4.7	5.4	4.7
农、林、牧、渔业	23.0	25.1	12.2	18.0	9.8	11.3	12.3	12.4	2.8	1.9	−0.8	−2.2	−2.1	−1.4	0.7	2.1
采矿业	2.5	−4.2	0.2	5.1	6.2	12.7	4.1	13.3	14.8	8.9	22.3	10.2	26.2	12.5	24.1	18.8
制造业	3.8	4.6	6.8	7.7	8.7	9.5	9.5	10.3	4.6	3.8	3	2.7	2.5	1.8	3.1	2.8
电力、热力、燃气及水生产和供应业	−8.9	−3.5	−10.3	−9.9	−10.7	−10.0	−6.7	−8.3	0.7	−4.7	−0.5	−7.4	0.4	−9.5	4.5	−5.9
建筑业		18.1		9.9		5.3		0.2		−13.5	−18.1	−18.2	−31	−31.9	−63.8	−64.2
交通运输、仓储和邮政业	9.7	11.5	6.3	3.7	3.2	3.4	3.9	1.2	6.5	−7.5	5.1	−5.3	4.7	−3.7	3.4	0.8

续表

项目	2018.3		2018.6		2018.9		2018.12		2019.3		2019.6		2019.9		2019.12	
	全国	民间	全国	民间	全国	民间	全国	民间	全国	民间	全国	民间	全国	民间	全国	民间
水利、环境和公共设施管理业	13.8	14.3	6.3	7.5	2.2	4.7	3.3	6.7	1	–3.5	2.5	–3.6	3.5	–2.9	2.9	–1.9
教育	26.9	31.3	11.2	25.1	8.3	19.7	7.2	12.5	14.7	14.9	18.9	24.2	18.5	28.8	17.7	28.3
卫生和社会工作	19.1	12.5	11.1	10.0	8.3	7.4	8.4	7.7	3.4	0.8	2.7	–0.5	2.3	–1.6	5.3	2.9
文化、体育和娱乐业	25.3	24.8	17.5	29.9	19.3	35.1	21.2	39.3	22.7	50.1	22.1	36.2	15.5	21.6	13.9	16.5
公共管理、社会保障和社会组织		2.5		–5.9		–8.4		–21.56		–23.6	–10.1	–20.6	–10.3	–22.6	–15.6	–21.9

注：数据源自国家统计局。

分析制造业各细分行业全国投资情况，2019年，4个细分行业（非金属矿物制品业、黑色金属冶炼和压延加工业、计算机通信和其他电子设备制造业、专用设备制造业）增速高于制造业整体增速水平，5个细分行业（铁路船舶航空和其他运输设备制造业、有色金属冶炼和压延加工业、汽车制造业、通用设备制造业、电气机械和器材制造业）增速低于制造业整体增速水平。（见表9）

分析制造业民间投资情况，2019年，4个细分行业（非金属矿物制品业、黑色金属冶炼和压延加工业、计算机通信和其他电子设备制造业、专用设备制造业）增速高于制造业整体增速水平，5个细分行业（铁路船舶航空和其他运输设备制造业，有色金属冶炼和压延加工业，汽车制造业，通用设备制造业，电气机械和器材制造业）增速低于制造业整体增速水平。在制造业细分9个行业的固定资产投资的同比增长趋势方面，民间投资与全国投资保持了一致。（见图8）

表9　2018年以来制造业固定资产投资同比增长季度情况

单位：%

项目	2018.3		2018.6		2018.9		2018.12		2019.3		2019.6		2019.9		2019.12	
	全国	民间	全国	民间	全国	民间	全国	民间	全国	民间	全国	民间	全国	民间	全国	民间
制造业	3.8	4.6	6.8	7.7	8.7	9.5	9.5	10.3	4.6	3.8	3	2.7	2.5	1.8	3.1	2.8
非金属矿物制品业		1.0		10.9		22.3	19.7	21.3	12.3	11.2	9.3	8.2	7.1	5.2	6.8	5.4
黑色金属冶炼和压延加工业		−12.8		8.3		17.6	13.8	16.5	30.6	14.3	42.3	29.4	28.9	18.4	26	13.4
有色金属冶炼和压延加工业	−5.3	0.9	−4.8	−2.1	6.6	10.8	3.2	8.6	−17.1	−13.4	−3.4	0.6	−2.6	−1	1.2	2.6
通用设备制造业	−3.5	−3.4	5.7	5.7	7.9	7.0	8.6	9	6.8	2.8	2.8	0.2	1.6	−1	2.2	0
专用设备制造业	−0.6	1.8	10.3	13.1	13.9	14.9	15.4	15.4	9.3	7.3	7.2	6.5	8.7	8.6	9.7	9.9
汽车制造业	3.6	3.5	8.5	8.8	1.7	2.5	3.5	6.1	−1	−3.6	0.2	−6.3	1.8	−6.5	−1.5	−8.8
铁路船舶航空和其他运输设备制造业	7.0	12.7	−1.9	1.1	−5.7	−4.9	−4.1	−3	−8.7	−21.3	−10.5	−18.9	−8.3	−15.9	−2.5	−8.8
电气机械和器材制造业	6.1	6.1	8.5	7.4	9.6	9.1	13.4	13.1	−3.1	−2.5	−8.1	−6.1	−7.6	−5.6	−7.5	−5
计算机通信和其他电子设备制造业	15.4	16.6	19.7	22.6	18.3	18.7	16.6	16	5.5	13.3	8.5	22.2	11.6	23.6	16.8	33.4

注：数据源自国家统计局。

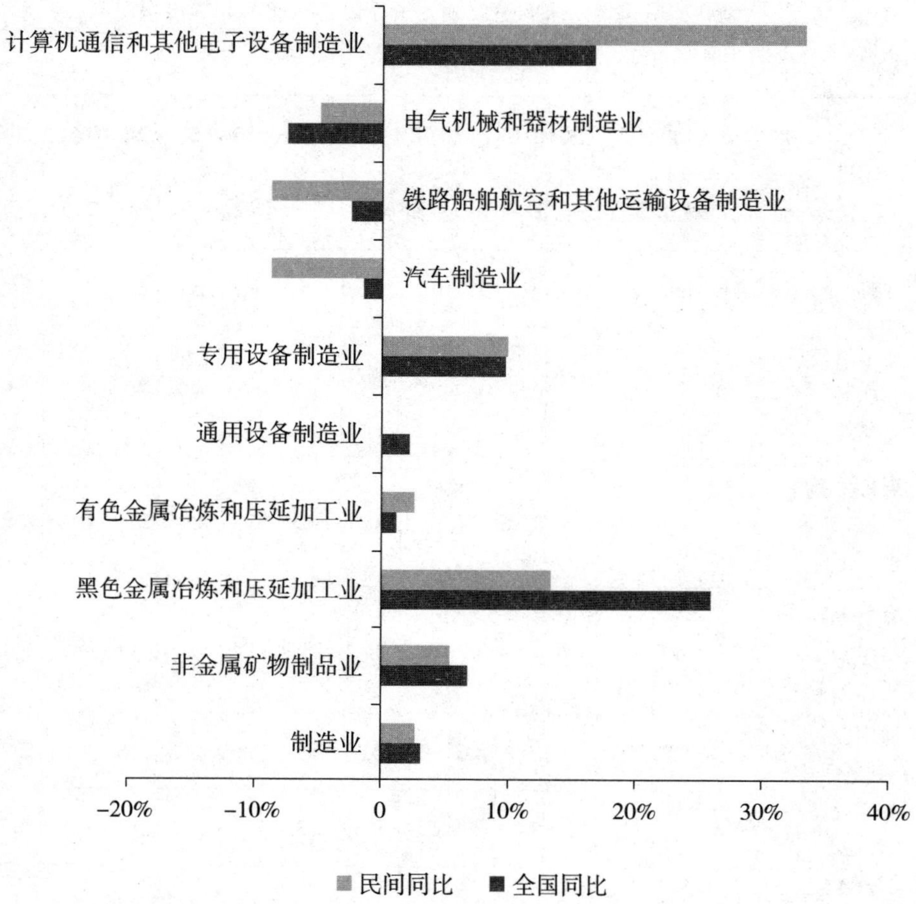

图8 2019年制造业固定资产投资同比增长情况

四、民营工业发展

——增速继续回落，下行压力较大

2019年，我国外部环境依然复杂，国内经济结构性矛盾突出，工业生产存在较大下行压力。全国来看，规模以上工业营收总额和利润总额增速持续下滑，特别是利润总额，各月累计同比增速均为负值。如利润总额分经济类型看，除1–2月，私营工业企业其余各月累计同比增速均为正值，但增速呈下降趋势，2019年1–12月累计同比增速仅为2.2%，国有及国有控股工业企业、外商及港、澳、台商投资企业增速也不容乐观，分别为–12%和–3.6%。（见表9）

（一）各类型工业企业增加值增长情况

2019年，全国规模以上工业企业增加值增速总体呈下降趋势，7月之后更是跌落到6%以下。私营工业企业增加值增速均高于全国平均速度。2019年1–12月，全国规模以上工业企业增加值累计同比增长5.7%，较2018年放缓0.5个百分点。分经济类型看，1–12月，国有及国有控股企业增加值同比增长4.8%；私营工业企业增长7.7%，外商及港澳台商投资企业增长2%。（见表1、表2、图1）

表1　2012—2019年规模以上工业企业增加值同比增速

单位：%

年份	2012	2013	2014	2015	2016	2017	2018	2019
全国工业	10	9.7	8.3	6.1	6	6.6	6.2	5.7
国有及国有控股工业企业	6.4	6.9	4.9	1.4	2	6.5	6.2	4.8
私营工业企业	14.6	12.4	10.2	8.6	7.5	5.9	6.2	7.7
外商及港、澳、台商投资企业	6.3	8.3	6.3	3.7	4.5	6.9	4.8	2

注：数据来源，国家统计局。

表2　2018—2019年规模以上工业企业增加值累计同比增速

单位：%

时间	2018.3	2018.6	2018.9	2018.12	2019.3	2019.6	2019.9	2019.12
全国工业	6.8	6.7	6.4	6.2	6.5	6	5.6	5.7
国有及国有控股企业	7.9	7.6	7	6.2	4.5	5	4.7	4.8
私营工业企业	6.6	6	5.9	6.2	10.6	8.7	8	7.7
外商及港、澳、台商投资企业	5.5	6.2	5.7	4.8	1.4	1.4	1.4	2

注：数据来源，国家统计局。

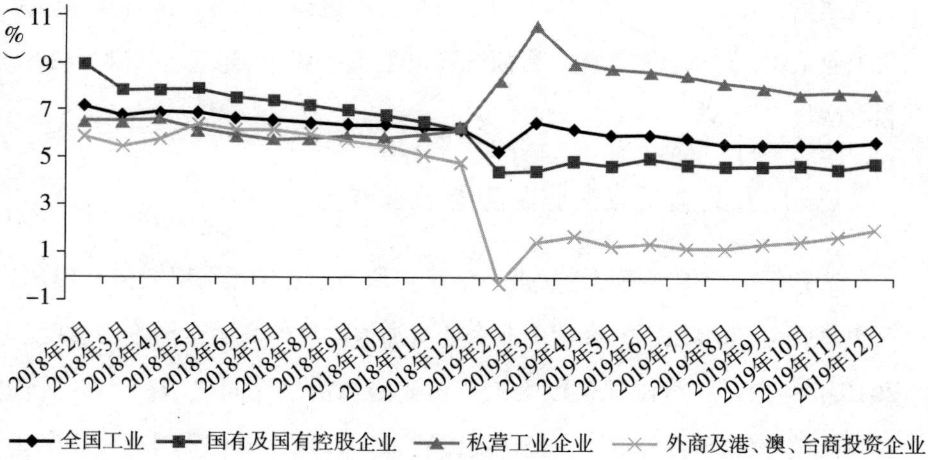

图1　2018—2019年工业增加值累计同比增速

（二）各类型工业企业资产及资产负债率情况

2019年，全国工业企业资产总额稳步提升。1–12月，全国规模以上工业企业资产总计1191375.3亿元，同比增长5.8%，增速比2018年年底的6.1%下降0.3个百分点。其中国有及国有控股企业资产总计461356.9亿元，同比增长5.3%；私营工业企业资产总计275492.3亿元，增长7.5%；外商及港澳台商投资企业资产总计227780.5亿元，增长3.7%。（见表3、表4、图2）

表3　2012—2019年规模以上工业企业资产总额

单位：亿元、%

年份		2012	2013	2014	2015	2016	2017	2018	2019
全国工业	总额	768421.2	870751.1	956777.2	1023398.1	1085865.91	1121909.6	1134382.2	1191375.3
	增长率	13.7	13.3	9.9	7	6.1	3.3	1.1（6.1）	5.0（5.8）
国有及国有控股工业企业	总额	312094.4	343985.88	371308.8	397403.7	417704.2	439622.9	439908.8	461356.9
	增长率	10.8	10.2	7.9	7	5.1	5.2	0.1（3.9）	4.9（5.3）
	占比	40.6	39.5	38.8	38.8	38.5	37.9	38.8	38.7
私营工业企业	总额	152548.1	187704.4	213114.4	229006.48	239542.7	242636.7	239288.8	275492.3
	增长率	19.4	23	13.5	7.5	4.6	1.3	−1.4（6.6）	15.1（7.5）
	占比	19.9	21.6	22.3	22.4	22.1	22.3	21.1	23.1
外商及港、澳、台商投资企业	总额	172320.3	188661.4	198162.1	201302.7	212744.4	215998.1	224353.2	227780.5
	增长率	6.4	9.5	5	1.6	5.7	1.5	3.9（5.8）	1.5（3.7）
	占比	22.4	21.7	20.7	19.7	19.6	20	19.8	19.1

注：1. 绝对值数据来源于国家统计局。2019年数据为2019年1–12月数据，下同。

2.增长率、占比等根据绝对值计算得出。

3.括号内2018年年度增长率为统计局网站公布的2018年1–12月数据，括号内2019年增长率为统计局公布1–12月数据。

表4　2018—2019年规模以上工业企业资产总额

单位：亿元、%

时间		2018.3	2018.6	2018.9	2018.12	2019.3	2019.6	2019.9	2019.12
全国工业	总额	1067186	1093931	1114379	1134382.2	1114407.4	1142987.7	1169254	1191375.3
	同比增长	7.1	7.4	7	6.1	6.9	6.3	6	5.8
国有及国有控股企业	总额	420318.2	428726.7	434936.2	439908.8	445124.3	453138.8	459589	461356.9
	同比增长	4.8	5.5	4.7	3.9	4.4	4.8	5.3	5.3
私营工业企业	总额	226695.5	231112.5	235469.5	239288.8	218018.5	220798.9	223078	275492.3
	同比增长	8.4	7.6	7.3	6.6	5.8	3.9	3.5	7.5
外商及港、澳、台商投资企业	总额	214862.8	216926.6	221600.2	224353.2	228403.1	240091.5	266865	227780.5
	同比增长	6.3	7.7	7.6	5.8	9.4	8.7	7.9	3.7

注：1.月度数据均为统计局网站公布数据。

2.2018.12绝对值数据为《中国统计年鉴》2018年度数据，增长率为国家统计局网站公布的2018年12月数据。

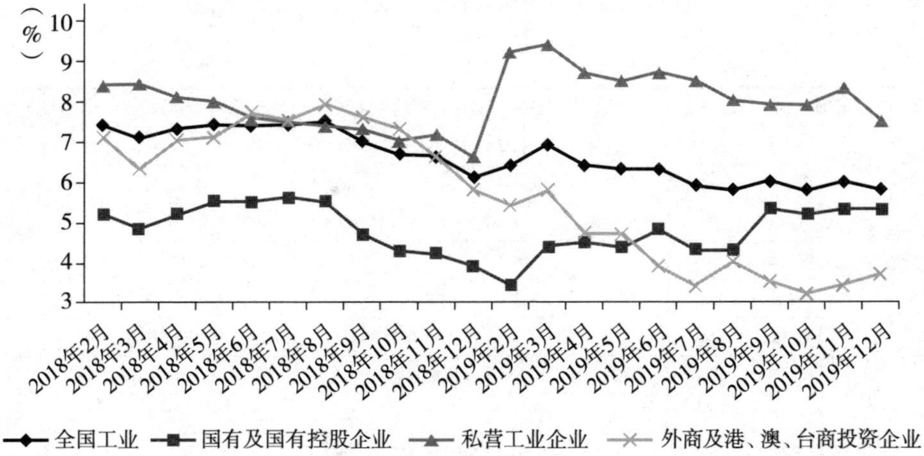

图2　2018—2019年工业企业资产总额累计同比增速

资产负债率方面，2019年1-12月全国规模以上工业企业资产负债率为56.9%，较2018年末上升了0.4个百分点，企业财务杠杆相比去年有所上升。其中，国有及国有控股工业杠杆较高，企业负债率为58.4%，较2018年下降0.3个百分点；私营工业企业资产负债率为57.9%，略高于全国平均水平，比2018年年底上升了1.5个百分点，比2017年年底上升了5.3个百分点；外商及港、澳、台商企业资产负债率最小，为54%。（见表5、表6、图3）

表5　2012—2019年规模以上工业企业资产负债率

单位：%

年份	2012	2013	2014	2015	2016	2017	2018	2019
全国工业	58	58.1	57.2	56.6	55.9	56	56.5	56.9
国有及国有控股工业	61.3	62.3	62	61.9	61.6	60.5	58.7	58.4
私营工业	54.2	54	52.1	51.8	50.7	52.6	56.4	57.9
外商及港、澳、台、商投资企业	56.5	56.3	55.5	54.5	54	54	54.1	54

注：规模以上各类工业企业的资产负债率为大成企业研究院根据国家统计局网站和年鉴公布数据计算得出。

表6　2018—2019年规模以上工业企业资产负债率

单位：%

时间	2018.3	2018.6	2018.9	2018.12	2019.3	2019.6	2019.9	2019.12
全国工业	56.4	56.6	56.7	56.5	57	56.8	56.9	56.9
国有及国有控股工业	59.5	59.6	59	58.7	58.7	58.5	58.4	58.4
私营工业	55.5	55.8	56.1	56.4	58.5	58.3	57.9	57.9
外商及港、澳、台商投资企业	53.5	54.2	54.3	54.1	53.3	53.4	53.9	54

注：规模以上各类工业企业的资产负债率为大成企业研究院根据国家统计局网站和年鉴公布的相关数据计算得出。

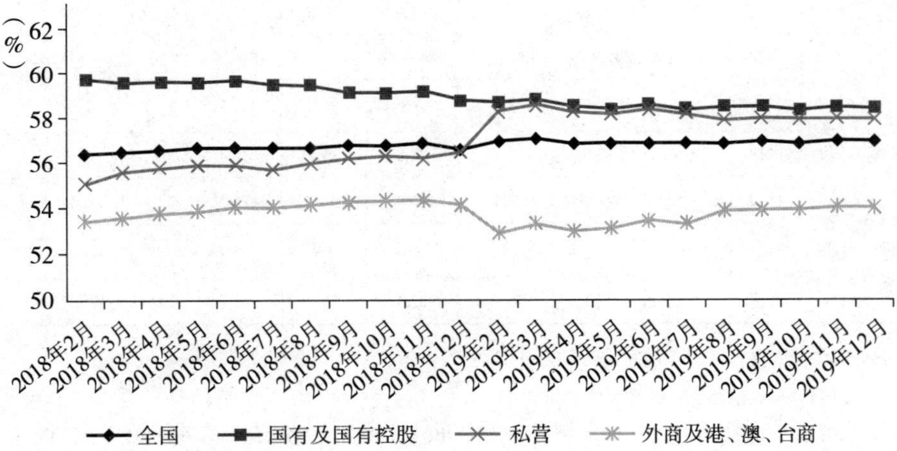

图3　2018—2019年规模以上工业企业资产负债率

（三）各类型工业企业主营业务收入和利润总额情况

2019年，全国工业企业营收继续保持增长，但与2018相比增速下降较大。1-12月，全国规模以上工业企业实现主营业务收入1057824.9亿元，同比增长3.8%。其中国有及国有控股企业主营业务收入288253亿元，同比增长3.7%；私营工业企业实现主营业务收入346222.7亿元，增长5.6%；外商及港澳台商投资企业实现主营业务收入234666.4亿元，同比微增0.1%。

（见表7、表8、图4）

私营工业企业主营业务收入增速高于全国平均值。国有控股企业和外资企业增速低于全国平均水平，并呈逐渐走低趋势。

表7　2012—2019年规模以上工业企业营业总收入

单位：亿元、%

年份		2012	2013	2014	2015	2016	2017	2018	2019
全国工业	总额	929291.5	1038659.5	1107032.5	1109853	1158998.5	1133160.8	1049491	1057824.9
	增长率	10.4	11.8	6.6	0.3	4.4	−2.2	−7.4（8.5）	0.8（3.8）
国有及国有控股工业	总额	245076	257816.9	262692.3	241668.9	238990.2	265393	284730	288253
	增长率	7.1	5.2	1.9	−8	−1.1	11	7.3（9.2）	1.2（3.7）
	占比	26.4	24.8	23.7	21.8	20.6	22.2	27.1	27.2
私营工业	总额	285621.5	342002.6	372175.7	386394.6	410188.1	381034.4	311970	346222.7
	增长率	15.5	19.7	8.8	3.8	6.2	−7.1	−18.1（8.4）	11（5.6）
	占比	30.7	32.9	33.6	34.8	35.4	34.4	29.7	32.7
外商及港、澳、台商投资企业	总额	221948.8	242964.2	252630.1	245697.6	250393	247619.7	244478	234666.4
	增长率	2.6	9.5	4	−2.7	1.9	−1.1	−1.3（5.4）	−4.0（0.1）
	占比	23.9	23.4	22.8	22.1	21.6	22.3	23.3	22.2

注：1. 绝对值数据来源于国家统计局。

2.增长率、占比等根据绝对值计算得出。

3.括号内2018年年度增长率为统计局网站公布的2018年1–12月数据，括号内2019年增长率为统计局公布2019年1–12月数据。

4.2012–2018年数据为主营业务收入，2019年为营业收入。

表8　2018—2019年规模以上工业企业主营业务收入

单位：亿元、%

时间		2018.3	2018.6	2018.9	2018.12	2019.3	2019.6	2019.9	2019.12
全国工业	总额	251523.1	520710.4	771478.8	1022241.1	244193.5	508981.7	776744	1057824.9
	同比增长	9.6	9.9	9.4	8.5	7.2	4.7	4.5	3.8
国有及国有控股企业	总额	63387.9	131323.8	202097.3	273760.2	67804.2	139355.5	212917	288253
	同比增长	10.5	11.2	10.2	9.2	4.1	3.3	3.6	3.7

续表

时间		2018.3	2018.6	2018.9	2018.12	2019.3	2019.6	2019.9	2019.12
私营工业	总额	80877.2	166413	241079.9	306392.6	73790.8	155157.1	256112	346222.7
	同比增长	10.2	9.5	9.2	8.4	12.1	7.4	7.1	5.6
外商及港、澳、台商投资企业	总额	58236	118051.7	177561.7	238538.1	55843.7	114934.3	171804	234666.4
	同比增长	7.1	7.6	6.7	5.4	1.9	0.1	−0.1	0.1

注：1.年度数据为统计局网站公布数据。2018年12月总额数据为中国统计年鉴2018年度数据，增长率为统计局网站2018年12月数据。

2. 2018年数据为主营业务收入，2019年为营业收入。

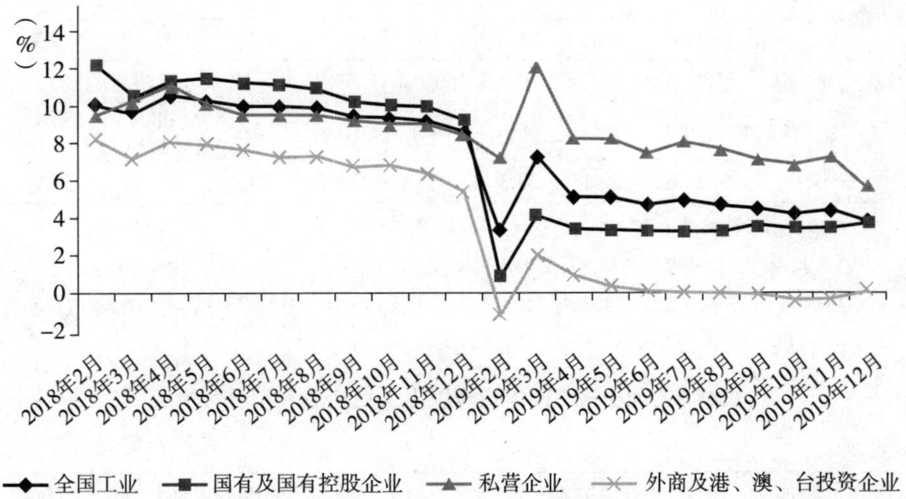

图4　2018—2019年规模以上各类型工业企业主营业务收入增长率

2019年，工业企业利润总额持续下滑，增速持续走低，较2018年下降较大。1–12月，全国规模以上工业企业实现利润61995.5亿元，同比下降3.3%。其中国有控股企业实现利润总额16355.5亿元，同比下降12%；私营工业企业实现利润总额18181.9亿元，增长2.2%；外商及港、澳、台商投资企业实现利润总额15580亿元，同比下降3.6%。（见表9、表10、图5）

表9　2012—2019年规模以上工业企业利润总额

单位：亿元、%

年份		2012	2013	2014	2015	2016	2017	2018	2019
全国工业	总额	61910.1	68378.9	68154. 9	66187.1	71921.4	74916.3	66351.4	61995.5
	增长率	0.8	10.4	−0.3	−2.9	8.7	4.2	−11.4（10.3）	−6.6（−3.3）
国有及国有控股工业企业	总额	15176	15917.7	14508	11416.7	12324.3	17215.5	18583.1	16355.5
	增长率	−7.8	4.9	−8.9	−21.3	7.9	39.7	7.9（12.6）	−12（−12）
	占比	24.5	23.3	21.3	17.2	17.1	22.1	28	26.4
私营工业企业	总额	20191.9	23327.1	23550.4	24249.7	25494.9	23043	17137	18181.9
	增长率	11.2	15.5	1	3	5.1	−9.6	−25.6（11.9）	6.1（2.2）
	占比	32.6	34.1	34.6	36.6	35.4	31.6	25.8	29.3
外商及港、澳、台商投资企业	总额	13965.9	15802.6	16577.3	15905.8	17597.5	18412.4	16775.5	15580
	增长率	−9.9	13.2	4.9	−4.1	10.6	4.6	−8.9（1.9）	−7.1（−3.6）
	占比	22.6	23.1	24.3	24	24.5	24.9	25.3	25.1

注：1. 绝对值数据来源于国家统计局。

2.增长率、占比等根据绝对值计算得出。

3.括号内2018年年度增长率为统计局网站公布的2018年1–12月数据，括号内2019年增长率为统计局公布的1–12月数据。

表10　2018—2019年规模以上工业企业利润总额情况

单位：亿元、%

时间		2018.3	2018.6	2018.9	2018.12	2019.3	2019.6	2019.9	2019.12
全国工业	总额	15533.2	33882.1	49713.4	66351.4	12972	29840	45934	61995.5
	同比增长	11.6	17.2	14.7	10.3	−3.3	−2.4	−2.1	−3.3
国有及国有控股企业	总额	4762.9	10248.7	15294.3	18583.1	4146.2	9368.8	13893	16355.5
	同比增长	23.1	31.5	23.3	12.6	−13.4	−8.7	−9.6	−12
私营工业企业	总额	4316.8	8889.1	12591.5	17137	3259.8	7430.7	12632	18181.9
	同比增长	8.8	10	9.3	11.9	7	6	5.4	2.2
外商及港、澳、台商投资企业	总额	3738	8197.6	12352.8	16775.5	3182.2	7186.2	11342	15580.0
	同比增长	−0.9	8.7	5.7	1.9	−7.9	−8.4	−4.2	−3.6

注：月度数据为统计局网站公布数据。2018年12月总额数据为中国统计年鉴2018年度数据，增长率为统计局网站2018年12月数据。

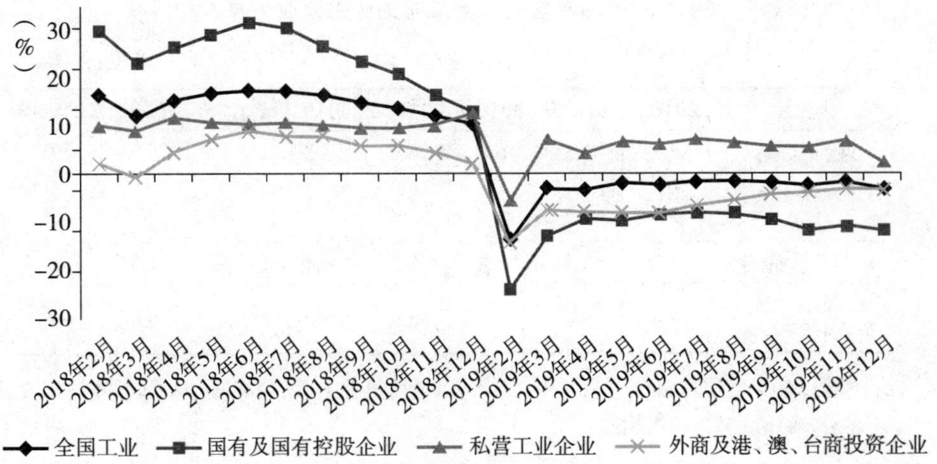

图5　2018—2019年规模以上工业企业利润总额累计同比增速

（四）各类型工业企业效益情况

2019年，全国工业企业效益有所下滑，主营业务收入利润率方面，1–12月，全国规模以上工业企业主营业务收入利润率5.9%，较2018年底下降0.4个百分点；国有及国有控股工业企业主营业务收入利润率为5.7%，较2018年下降0.8个百分点；私营工业企业有所下降，为5.3%，比2018年年底降低了0.2个百分点，外商及港、澳、台商投资企业主营业务收入利润率为6.6%，比2018年年底降低了0.3个百分点。（见表11、表12、图6）

表11　2012—2019年规模以上工业企业主营业务收入利润率

单位：%

年份	2012	2013	2014	2015	2016	2017	2018	2019
全国工业	6.7	6.6	6.2	6	6.2	6.6	6.3	5.9
国有及国有控股工业企业	6.2	6.2	5.5	4.7	5.2	6.5	6.5	5.7
私营工业企业	7.1	6.8	6.3	6.3	6.2	6	5.5	5.3
外商及港、澳、台商投资企业	6.3	6.5	6.6	6.5	7	7.4	6.9	6.6

注：规模以上各类工业企业的主营业务收入利润率为大成企业研究院根据国家统计局网站和年鉴公布的相关数据计算得出。

表12　2018—2019年规模以上工业企业主营业务收入利润率

单位：%

时间	2018.3	2018.6	2018.9	2018.12	2019.3	2019.6	2019.9	2019.12
全国工业	6.2	6.5	6.4	6.3	5.3	5.9	5.9	5.9
国有及国有控股企业	7.5	7.8	7.6	6.5	6.1	6.7	6.5	5.7
私营工业企业	5.3	5.3	5.2	5.5	4.4	4.8	4.9	5.3
外商及港、澳、台商投资企业	6.4	6.9	7	6.9	5.7	6.3	6.6	6.6

注：规模以上各类工业企业的主营业务收入利润率为大成企业研究院根据国家统计局网站和年鉴公布的相关数据计算得出。

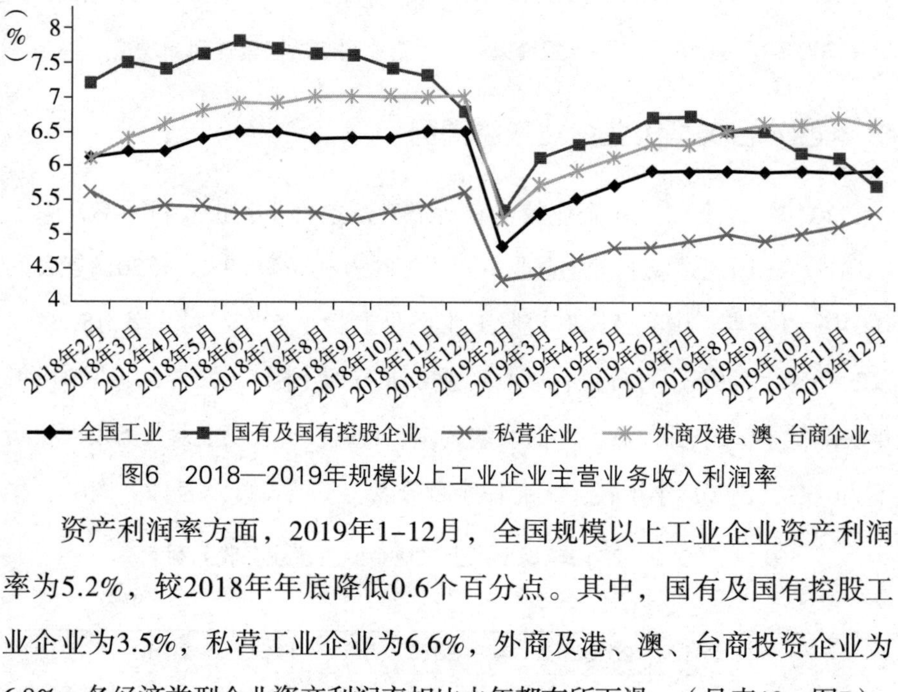

图6　2018—2019年规模以上工业企业主营业务收入利润率

资产利润率方面，2019年1-12月，全国规模以上工业企业资产利润率为5.2%，较2018年年底降低0.6个百分点。其中，国有及国有控股工业企业为3.5%，私营工业企业为6.6%，外商及港、澳、台商投资企业为6.8%，各经济类型企业资产利润率相比去年都有所下滑。（见表13、图7）

表13　2012—2019年规模以上工业企业资产利润率

单位：%

年份	2012	2013	2014	2015	2016	2017	2018	2019
全国工业	8.1	7.9	7.1	6.5	6.6	6.7	5.8	5.2
国有及国有控股工业企业	4.9	4.6	3.9	2.9	3	3.9	4.2	3.5

续表

年份	2012	2013	2014	2015	2016	2017	2018	2019
私营工业企业	13.2	12.4	11.1	10.6	10.6	9.5	7.2	6.6
外商及港、澳、台商投资企业	8.1	8.4	8.4	7.9	8.3	8.5	7.5	6.8

注：规模以上各类工业企业的资产利润率为大成企业研究院根据国家统计局网站和年鉴公布的相关数据计算得出。

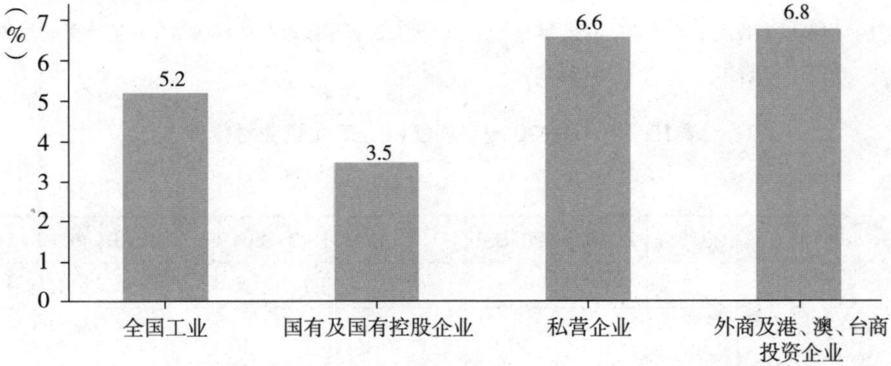

图7　2019年1–12月各类型规模以上工业企业资产利润率

（五）各类型工业企业亏损面

截至2019年12月底，全国规模以上工业企业期末单位数为372822个，其中亏损家数为59207万家，亏损面为15.9%，亏损面较2018年年末扩大了0.8个百分点；亏损企业亏损总额9414.6亿元，同比上升16%。亏损面方面，国有控股工业亏损面仍然最高，为23.6%，较上年年末下降1.4个百分点，亏损总额较大，达4229.8亿元，占全国亏损总额的44.9%；私营工业亏损企业个数最多，但由于企业基数大，亏损面为13.6%，为各类型企业中最低，但较上年仍然提高了0.8个百分点，亏损总额为1756亿元，占全国18.7%。（见表14、表15、图8）

表14　2012—2019年规模以上工业企业亏损面

单位：%

年份	2012	2013	2014	2015	2016	2017	2018	2019
全国工业	11.5	11.3	11.5	12.6	10.8	11.8	15.1	15.9

续表

年份	2012	2013	2014	2015	2016	2017	2018	2019
国有及国有控股工业企业	24	24.7	26.7	28.9	25.6	24.7	25	23.6
私营工业企业	7.8	7.8	8.1	9.1	7.8	9	12.8	13.6
外商及港、澳、台商投资企业	20.2	20	19.2	20.8	17.7	19	21.3	21.9

注：规模以上各类工业企业的亏损面为大成企业研究院根据国家统计局网站和年鉴公布的相关数据计算得出。

表15　2018—2019年规模以上工业企业亏损面

单位：%

时间	2018.3	2018.6	2018.9	2018.12	2019.3	2019.6	2019.9	2019.12
全国工业	22	18.5	17.6	15.1	23.7	20.4	18.9	15.9
国有及国有控股工业企业	36.6	30.5	30.1	25	36.2	30.4	29.8	23.6
私营工业企业	18.4	15.5	14.6	12.8	20.4	17.7	16.2	13.6
外商及港、澳、台商投资企业	34.1	28.2	24.9	21.3	33.7	28.4	25.4	21.9

注：规模以上各类工业企业的亏损面为大成企业研究院根据国家统计局网站和年鉴公布的相关数据计算得出。

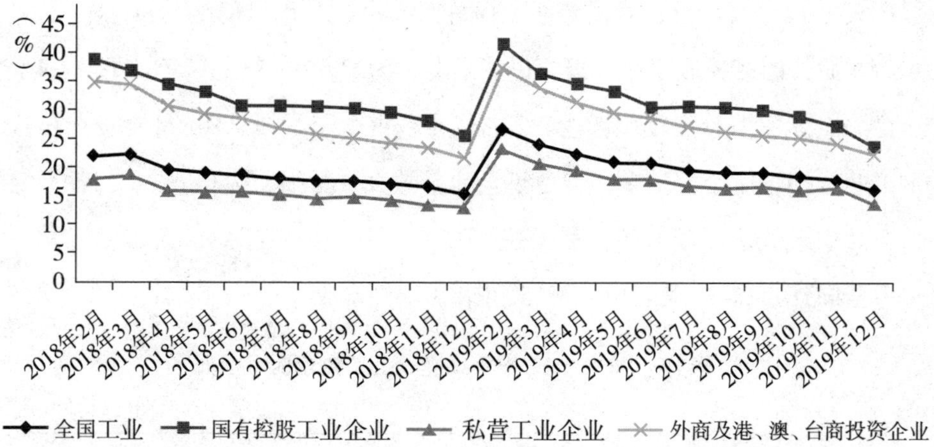

图8　2018—2019年规模以上工业企业亏损面情况

（六）工业企业劳动生产率

工业企业人均主营业务收入方面，2019年1–12月，全国规模以上工业企业人均主营业务收入为141.1万元/人，其中，国有及国有控股工业企业为215.8万元/人，私营工业企业为117.8万元/人。国有及国有控股企业的人均主营业务收入持续提高。（见表16、图9）

表16　2015—2019年工业企业人均主营业务收入

单位：万元/人

年份	2015	2016	2017	2018	2019
全国工业	117.4	125.3	131.5	128.7	141.1
国有及国有控股企业	141.5	147.8	172.8	193	215.8
股份制企业	119.8	127.3	132.5	127.8	142.6
外商及港、澳、台商投资企业	107.4	116	124.1	126.4	138.4
私营工业企业	115.2	123.1	122.4	107.9	117.8

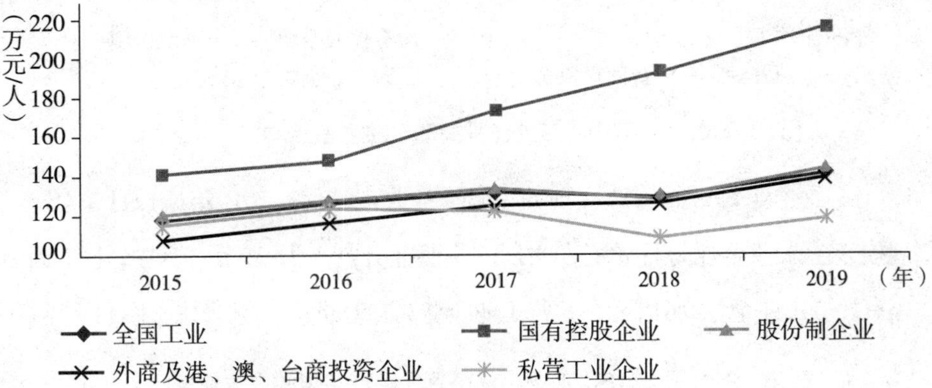

图9　2015—2019年工业企业人均主营业务收入

2019年，工业企业每百元主营业务收入中的成本有所上升。2019年1–12月，全国规模以上工业企业每百元主营业务收入中的成本为84.1元，其中，国有及国有控股工业企业为82.1元，私营工业企业为86.1元。（见表17、图10）

表17　2015—2019年工业企业每百元主营业务收入中的成本

单位：元

年份	2015	2016	2017	2018	2019
全国工业	85.7	85.5	84.9	83.9	84.1
国有及国有控股企业	83.2	82.6	81.7	81.3	82.1
股份制企业	85.8	85.6	84.9	83.5	83.9
外商及港、澳、台商投资企业	85.2	84.8	84.5	84.1	84
私营工业企业	87.2	87.3	87	86.3	86.1

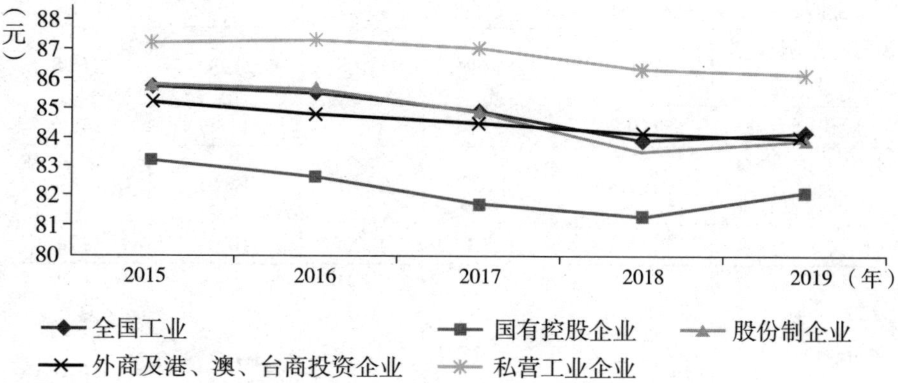

图10　2015—2019年工业企业每百元主营业务收入中的成本

工业企业每百元资产实现的主营业务收入方面，2019年1–12月，全国规模以上工业企业每百元资产实现的主营业务收入为92.4元，其中，国有及国有控股工业企业为64.1元，私营工业企业为138.8元。（见表18、图11）

表18　2015—2019年工业企业每百元资产实现的主营业务收入

单位：元

年份	2015	2016	2017	2018	2019
全国工业	115.9	113.7	108.4	93.3	92.4
国有及国有控股企业	63.6	59.5	62.4	63.7	64.1
股份制企业	116.8	114.1	108.6	91.1	91.3

续表

年份	2015	2016	2017	2018	2019
外商及港、澳、台商投资企业	125.8	124.4	120.1	109	105.9
私营工业企业	185.9	185.3	170.8	133.5	138.8

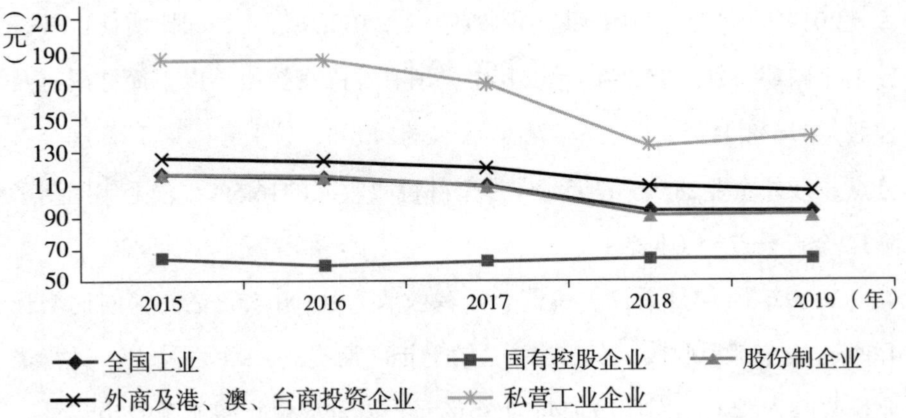

图11　2015—2019年工业企业每百元资产实现的主营业务收入

五、民企税收贡献

——全国税收微升，民企中速增长

2019年1–12月累计，我国税收收入172102.36亿元，同比增长1.3%，较上年同期增加2145.79亿元。其中，国有及国有控股（以下简称国有及控股）42638.81亿元，占全部税收收入的24.8%，较上年同期下降0.6个百分点；涉外企业28595.67亿元，占全部税收收入的16.6%，较上年同期下降1.2个百分点。（见表1）

2019年1–12月累计，民营企业税收收入100867.88亿元，同比增长4.6%，占全部税收收入的58.6%，较上年同期提高1.8个百分点。民营企业税收收入较上年同期增加4402.36亿元，占全部税收增加额的205.2%。其中：私营企业28465.58亿元，占16.5%，较上年同期提高1.1个百分点。（见表1、图1、图2）

表1　2017年以来各经济类型企业税收数据

单位：亿元、%

指标名称	2017年1–12月	2018年1–12月			2019年1–12月		
	收入额	收入额	增速	增加额	收入额	增速	增加额
全国税收收入	155734.72	169956.57	9.1	14221.85	172102.36	1.3	2145.79
国有及控股	44471.75	43162.59	–2.9	–1309.16	42638.81	–1.1	–523.78
占比	28.6	25.4	—	–9.2	24.8	—	–24.4
涉外企业	29200.91	30328.46	3.9	1127.55	28595.67	–5.4	–1732.79
占比	18.8	17.8	—	7.92	16.6	—	–80.8
民营企业	82062.06	96465.52	17.6	14403.46	100867.88	4.6	4402.36
占比	52.6	56.8	—	101.2	58.6	—	205.2
其中：私营企业	20121.27	26200.02	30.2	6078.75	28465.58	9.0	2265.56
占比	12.9	15.4	—	42.7	16.5	—	109.6

注：民营企业是指除国有及国有控股（简称国有及控股）、涉外企业以外的企业，包括私营企业，下同。

资料来源：国家税务总局收入规划核算司《税收月度快报》，下同。

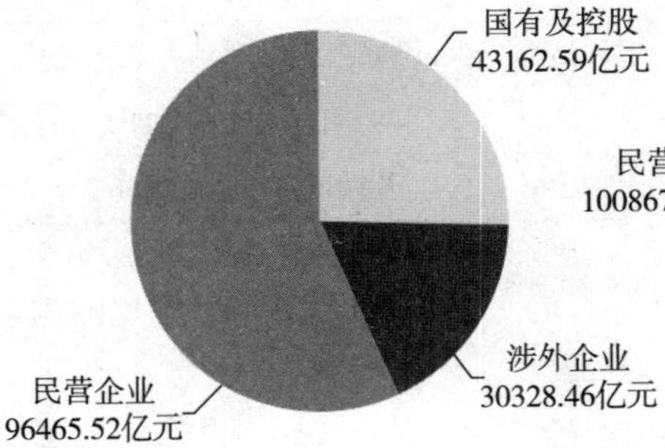

图1 2018年民营企业税收收入占比图

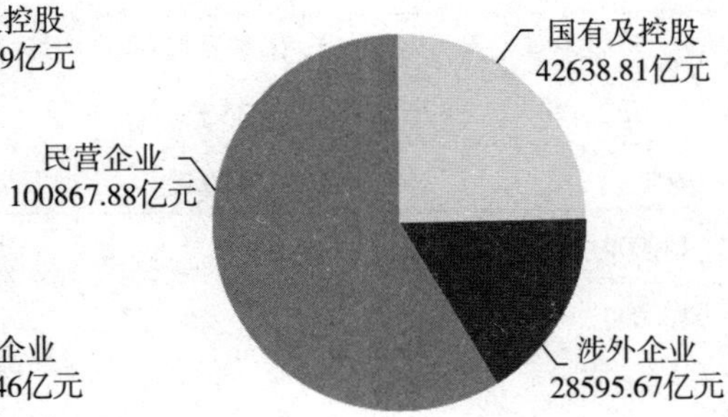

图2 2019年民营企业税收收入占比图

（一）分经济类型税收总收入情况

2019年民营企业税收收入分季度累计。1–3月累计，国有及控股税收收入13897亿元，涉外企业税收收入8538亿元，民营企业税收收入28585亿元；1–6月累计，国有及控股税收收入26759亿元，涉外企业税收收入16899亿元，民营企业税收收入57112亿元；1–9月累计，国有及控股税收收入35526亿元，涉外企业税收收入22920亿元，民营企业税收收入79171亿元；1–12月累计，国有及控股税收收入42639亿元，涉外企业税收收入28596亿元，民营企业税收收入100868亿元。（见表2、图3）

表2 各经济类型企业税收收入

单位：亿元

时间	全国税收	国有及控股	涉外企业	民营企业	其中：私营企业
2017.1–12	155735	44472	29201	82062	20121
2018.1–03	47301	12006	8025	27269	6819
2018.1–06	97852	26064	17644	54144	14377
2018.1–09	136777	35925	24536	76317	20324
2018.1–12	169957	43163	30328	96466	26200
2019.1–03	51020	13897	8538	28585	8283
2019.1–06	100700	26759	16899	57112	16004

续表

时间	全国税收	国有及控股	涉外企业	民营企业	其中：私营企业
2019.1–09	137616	35526	22920	79171	22105
2019.1–12	172102	42639	28596	100868	28466

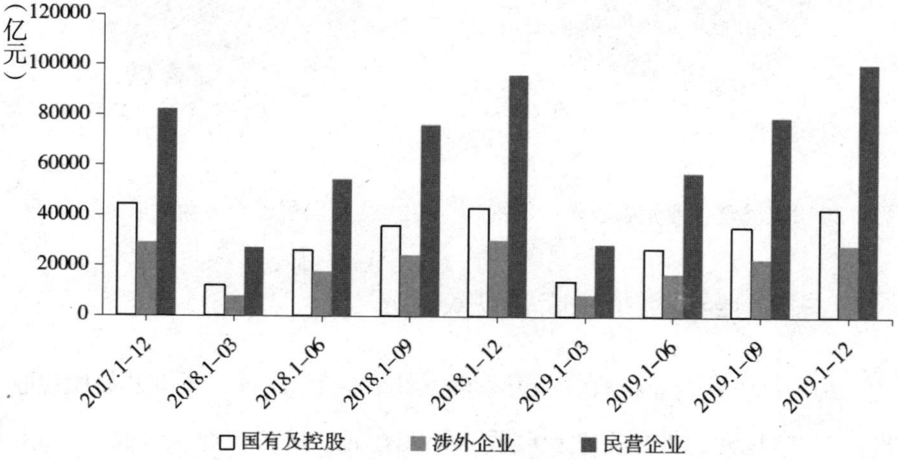

图3　各经济类型企业分季度累计税收收入

2019年民营企业税收收入分季度累计增速。1–3月累计，国有及控股税收收入同比增长14.0%，涉外企业税收收入同比增长3.6%，民营企业税收收入同比增长4.8%；1–6月累计，国有及控股税收收入同比增长2.9%，涉外企业税收收入同比增长–3.7%，民营企业税收收入同比增长5.5%；1–9月累计，国有及控股税收收入同比增长–0.9%，涉外企业税收收入同比增长–6.2%，民营企业税收收入同比增长3.7%；1–12月累计，国有及控股税收收入同比增长–1.1%，涉外企业税收收入同比增长–5.4%，民营企业税收收入同比增长4.6%。（见表3、图4）

表3　各经济类型企业税收收入增速

单位：%

时间	税收收入	国有及控股	涉外企业	民营企业	私营企业
2017.1–12	10.8	3.3	14.0	14.5	32.7
2018.1–03	17.1	4.4	5.3	27.4	33.9

续表

时间	税收收入	国有及控股	涉外企业	民营企业	私营企业
2018.1–06	14.2	2.4	9.4	20.8	38.3
2018.1–09	12.7	0.3	7.5	21.7	35.6
2018.1–12	9.1	–2.9	3.9	17.6	30.2
2019.1–03	7.9	14.0	3.6	4.8	17.9
2019.1–06	3.0	2.9	–3.7	5.5	12.0
2019.1–09	0.6	–0.9	–6.2	3.7	9.2
2019.1–12	1.3	–1.1	–5.4	4.6	9.0

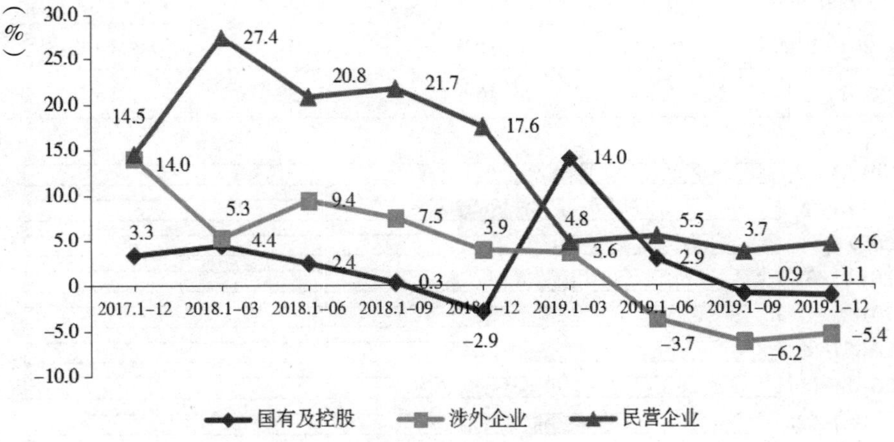

图4　各经济类型企业税收收入增速比较图

2019年分季度累计民营企业税收收入占全部税收收入的比重逐步上升。1–3月累计，国有及控股税收收入占比为27.2%，涉外企业税收收入占比为16.7%，民营企业税收收入占比为56.1%；1–6月累计，国有及控股税收收入占比为26.6%，涉外企业税收收入占比为16.8%，民营企业税收收入占比为56.6%；1–9月累计，国有及控股税收收入占比为25.8%，涉外企业税收收入占比为16.7%，民营企业税收收入占比为57.5%；1–12月累计，国有及控股税收收入占比为24.8%，涉外企业税收收入占比为16.6%，民营企业税收收入占比为58.6%。（见表4、图5）

表4　各经济类型企业税收收入占比

单位：%

时间	国有及控股	涉外企业	民营企业	其中：私营企业
2017.1–12	28.6	18.8	52.6	12.9
2018.1–03	25.4	17.0	57.6	14.4
2018.1–06	26.6	18.0	55.4	14.7
2018.1–09	26.3	17.9	55.8	14.9
2018.1–12	25.4	17.8	56.8	15.4
2019.1–03	27.2	16.7	56.1	16.2
2019.1–06	26.6	16.8	56.6	15.9
2019.1–09	25.8	16.7	57.5	16.1
2019.1–12	24.8	16.6	58.6	16.5

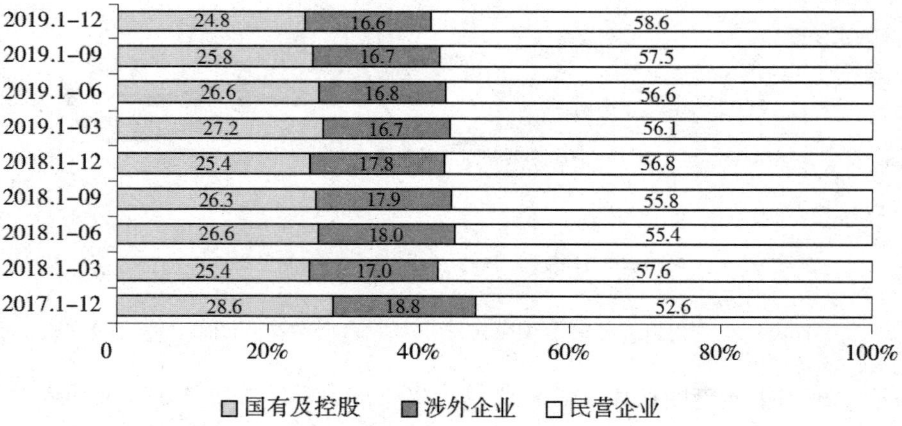

图5　各经济类型企业税收收入占比图

2019年分季度累计民营企业税收收入较上年同期增加额逐季增加。1–3月累计，国有及控股税收收入较上年同期增加1708亿元，涉外企业税收收入较上年同期增加299亿元，民营企业税收收入较上年同期增加1712亿元；1–6月累计，国有及控股税收收入较上年同期增加761亿元，涉外企业税收收入较上年同期减少654亿元，民营企业税收收入较上年同期增加2811亿元；1–9月累计，国有及控股税收收入较上年同期减少333亿元，涉外企业税收收入较上年同期减少1527亿元，民营企业税收收入较上年同期增加2854亿元；1-12月累计，国有及控股税收收入较上年同期减少458亿元，涉外企业税收收入较上年同期减少1642亿元，民营企业税收收入较上年同期增加4402亿元。（见表5、图6）

表5　各经济类型企业税收增量

单位：亿元

时间	税收收入合计	国有控股	涉外企业	民营企业	其中：私营企业
2017.1-12	15236	1420	3588	9700	4954
2018.1-03	6911	509	402	5866	1728
2018.1-06	12159	602	1522	9753	3984
2018.1-09	15417	116	1712	13207	5333
2018.1-12	14222	-1309	1128	14403	6079
2019.1-03	3719	1708	299	1712	1256
2019.1-06	2918	761	-654	2811	1713
2019.1-09	834	-333	-1527	2854	1867
2019.1-12	2146	-458	-1642	4402	2351

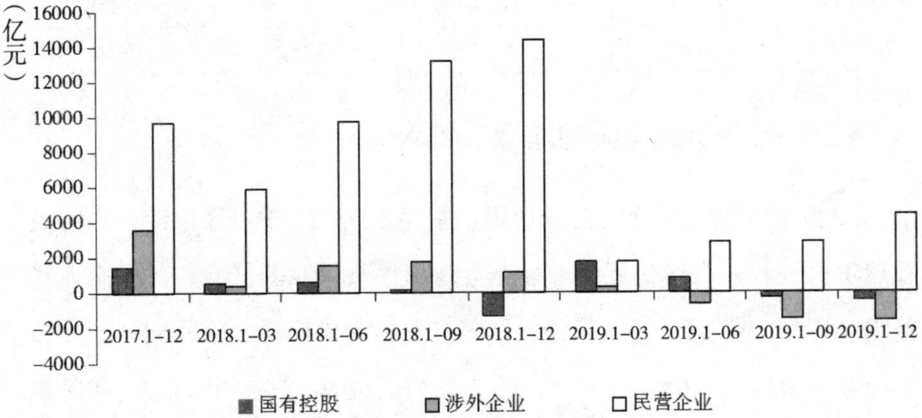

图6　各经济类型企业税收增量比较图

2019年税收收入增长主要靠民营企业税收增加，国有及控股在下半年开始出现较上年同期减少，涉外企业税收收入从第二季度开始出现较上年同期减少。1-3月累计，民营企业税收增加额占全部税收增加额的

46.0%；1–6月累计，民营企业税收增加额占全部税收增加额的96.3%；1–9月累计，民营企业税收增加额占全部税收增加额的342.4%；1–12月累计，民营企业税收增加额占全部税收增加额的205.2%。民营企业税收增加不仅弥补了国有及控股、涉外企业税收收入的减少份额，还带来了税收收入的整体上的增加。（见表6）

表6　各经济类型企业税收增量占比

单位：%

时间	国有及控股	涉外企业	民营企业	其中：私营企业
2017.1–12	9.0	24.0	67.0	32.3
2018.1–03	7.4	5.8	84.9	25.0
2018.1–06	5.0	12.5	80.2	32.8
2018.1–09	0.8	11.1	85.7	34.6
2018.1–12	–9.2	7.9	101.3	42.7
2019.1–03	45.9	8.1	46.0	33.8
2019.1–06	26.1	–22.4	96.3	58.7
2019.1–09	–40.0	–183.0	342.4	224.0
2019.1–12	–24.4	–80.8	205.2	109.6

（二）分经济类型国内增值税收入情况

2019年分季度累计民营企业增值税情况分析。1–3月累计，国有及控股增值税收入3886亿元，涉外企业增值税收入3404亿元，民营企业增值税收入12259亿元；1–6月累计，国有及控股增值税收入6858亿元，涉外企业增值税收入6398亿元，民营企业增值税收入22309亿元；1–9月累计，国有及控股增值税收入9451亿元，涉外企业增值税收入8295亿元，民营企业增值税收入31584亿元；1–12月累计，国有及控股增值税收入11777亿元，涉外企业增值税收入10069亿元，民营企业增值税收入40578亿元。（见表7、图7）

表7 各经济类型企业增值税收入情况

单位：亿元

时间	国内增值税	国有及控股	涉外企业	民营企业	其中：私营企业
2017.1–12	56126	12227	10486	33412	10939
2018.1–03	17590	3514	3092	10984	3832
2018.1–06	33408	6684	6146	20578	7200
2018.1–09	47227	8774	8242	30211	10382
2018.1–12	61430	11421	10431	39579	13826
2019.1–03	19550	3886	3404	12259	4504
2019.1–06	35564	6858	6398	22309	8267
2019.1–09	49329	9451	8295	31584	11678
2019.1–12	62423	11777	10069	40578	15164

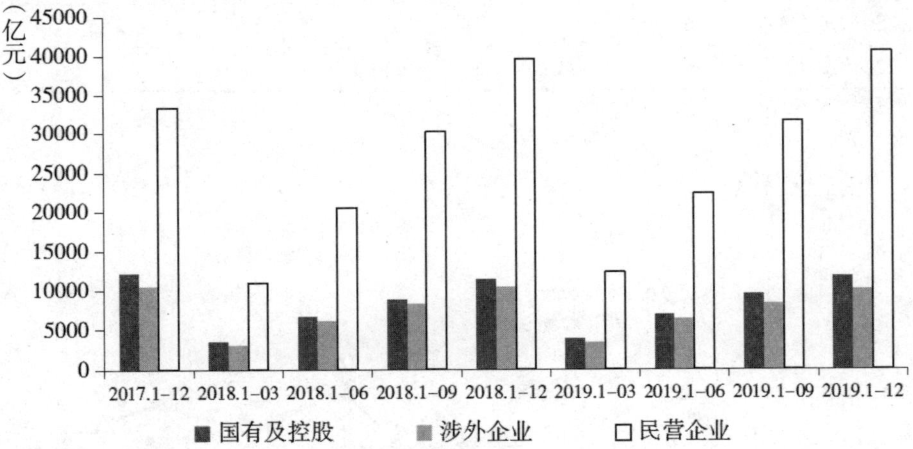

图7 各经济类型增值税收入比较图

2019年分季度累计民营企业增值税增速逐季下降。1–3月累计，国有及控股增值税同比增长10.6%，涉外企业增值税同比增长10.1%，民营企业增值税同比增长11.6%；1–6月累计，国有及控股增值税同比增长2.6%，涉外企业增值税同比增长4.1%，民营企业增值税同比增长8.4%；1–9月累计，国有及控股增值税同比增长7.7%，涉外企业增值税同比增长0.7%，民营企业增值税同比增长4.5%；1–12月累计，国有及控股增值税同比增长

3.1%，涉外企业增值税同比增长-3.5%，民营企业增值税同比增长2.6%。（见表8、图8）

表8 各经济类型企业增值税收入增速

单位：%

时间	国内增值税	国有控股	涉外企业	民营企业	其中：私营企业
2017.1–12	37.5	27.9	19.9	48.4	53.5
2018.1–03	20.3	10.0	9.0	27.9	40.6
2018.1–06	16.9	6.2	6.8	24.5	37.1
2018.1–09	12.5	–6.3	2.4	23.0	31.9
2018.1–12	9.5	–6.6	–0.5	18.5	26.4
2019.1–03	11.1	10.6	10.1	11.6	17.5
2019.1–06	6.5	2.6	4.1	8.4	14.8
2019.1–09	4.5	7.7	0.7	4.5	12.5
2019.1–12	1.6	3.1	–3.5	2.6	9.7

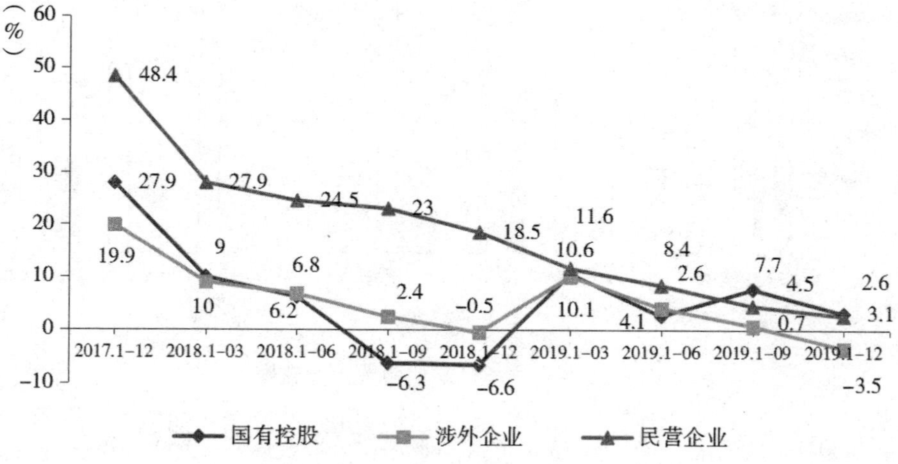

图8 各经济类型企业增值税增速比较图

2019年分季度累计民营企业增值税占全部增值税的比重逐步上升。1–3月累计，国有及控股税收收入占比为19.9%，涉外企业税收收入占比为17.4%，民营企业税收收入占比为62.7%；1–6月累计，国有及控股税收收入占比为19.3%，涉外企业税收收入占比为18.0%，民营企业税收收入占比为62.7%；1-9月累计，国有及控股税收收入占比为19.2%，涉外企业税收收入占比为16.8%，民营企业税收收入占比为64.0%；1-12月累计，国有及控股税收收入占比为18.9%，涉外企业税收收入占比为16.1%，民营企业税收收入占比为65.0%。（见表9、图9）

表9　各经济类型企业增值税收入占比

单位：%

时间	国有控股	涉外企业	民营企业	其中：私营企业
2017.1-12	21.8	18.7	59.5	19.5
2018.1-03	20.0	17.6	62.4	21.8
2018.1-06	20.0	18.4	61.6	21.6
2018.1-09	18.6	17.5	63.9	22.0
2018.1-12	18.6	17.0	64.4	22.5
2019.1-03	19.9	17.4	62.7	23.0
2019.1-06	19.3	18.0	62.7	23.2
2019.1-09	19.2	16.8	64.0	23.7
2019.1-12	18.9	16.1	65.0	24.3

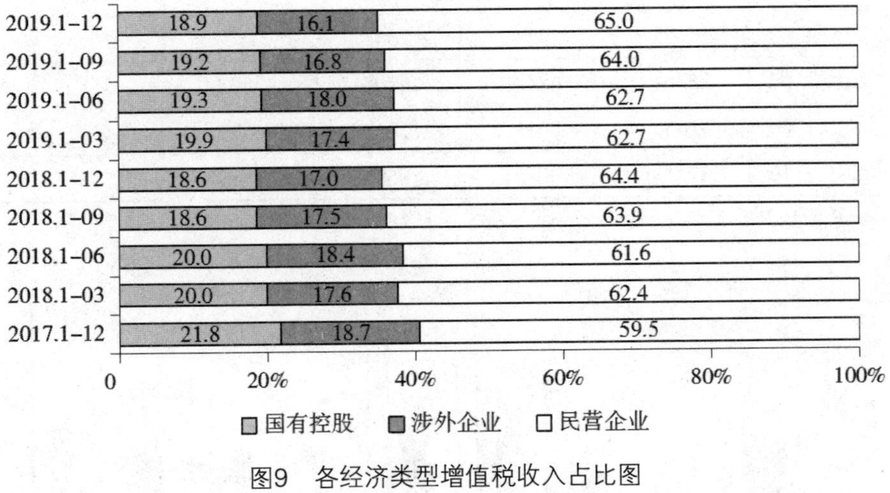

图9　各经济类型增值税收入占比图

（三）分经济类型企业所得税收入情况

2019年分季度累计民营企业所得税情况分析。1-3月累计，国有及控股企业所得税收入2450亿元，涉外企业所得税收入2343亿元，民营企业所得税收入5262亿元；1-6月累计，国有及控股企业所得税收入6847亿元，涉外企业所得税收入5205亿元，民营企业所得税收入13308亿元；1-9月累计，国有及控股企业所得税收入8011亿元，涉外企业所得税收入7034亿元，民营企业所得税收入16599亿元；1-12月累计，国有及控股企业所得税收入9010亿元，涉外企业所得税收入8608亿元，民营企业所得税收入19898亿元。（见表10、图10）

表10　各经济类型企业所得税收入情况

单位：亿元

时间	企业所得税	国有及控股	涉外企业	民营企业	其中：私营企业
2017.1-12	32337	10121	8139	14077	3514
2018.1-03	8639	1742	2231	4666	1249
2018.1-06	24170	6768	5508	11895	3024
2018.1-09	30926	8185	7585	15156	3931
2018.1-12	35490	8982	8943	17565	4650
2019.1-03	10055	2450	2343	5262	1565
2019.1-06	25361	6847	5205	13308	3510
2019.1-09	31644	8011	7034	16599	4407
2019.1-12	37516	9010	8608	19898	5381

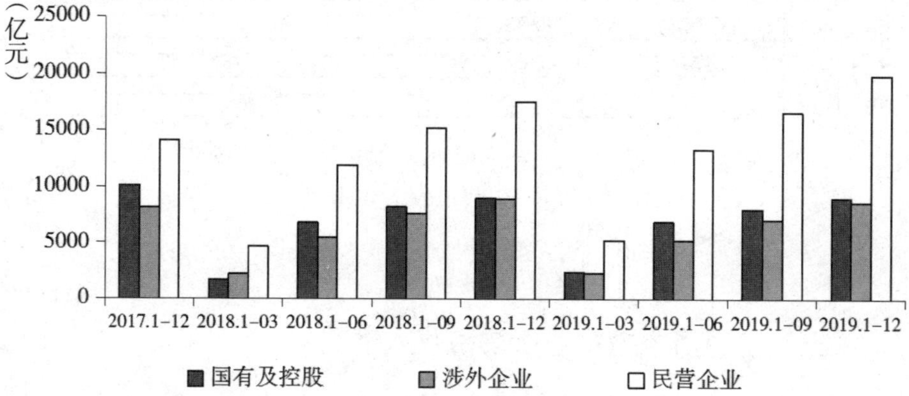

图10　各经济类型企业所得税收入比较图

2019年分季度累计民营企业所得税增速逐季下降。1–3月累计，国有及控股所得税同比增长26.1%，涉外企业所得税同比增长5.1%，民营企业所得税同比增长12.8%；1–6月累计，国有及控股增值税同比增长1.2%，涉外企业增值税同比增长–5.5%，民营企业增值税同比增长11.9%；1–9月累计，国有及控股增值税同比增长–2.1%，涉外企业增值税同比增长–7.3%，民营企业增值税同比增长9.5%；1–12月累计，国有及控股增值税同比增长0.3%，涉外企业增值税同比增长–3.7%，民营企业增值税同比增长13.3%。（见表11、图11）

表11　各经济类型企业所得税收入增速

单位：%

时间	企业所得税	国有及控股	涉外企业	民营企业	其中：私营企业
2017.1–12	11.0	–1.4	14.4	19.8	39.5
2018.1–03	11.9	–8.6	9.0	23.8	38.6
2018.1–06	13.5	–6.0	12.6	29.2	38.6
2018.1–09	12.3	–10.4	12.1	30.2	37.7
2018.1–12	9.7	–11.2	9.9	24.8	32.3
2019.1–03	16.4	26.1	5.1	12.8	25.3
2019.1–06	4.9	1.2	–5.5	11.9	16.1
2019.1–09	2.3	–2.1	–7.3	9.5	12.1
2019.1–12	5.7	0.3	–3.7	13.3	15.7

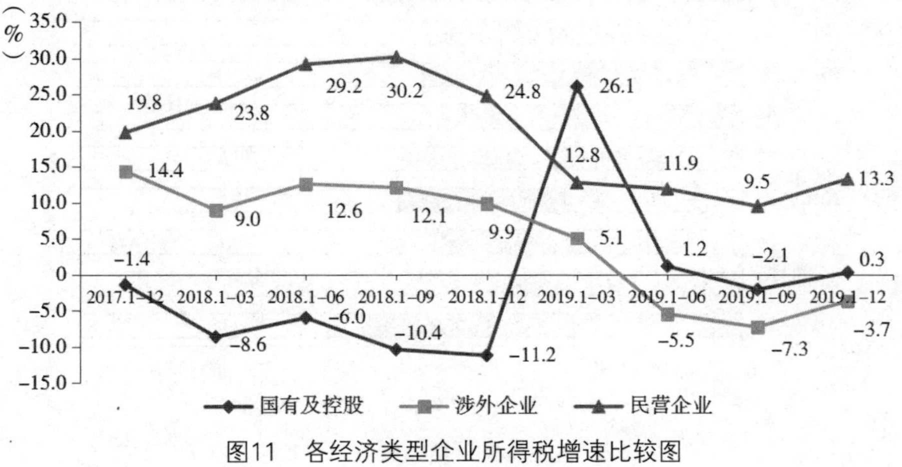

图11　各经济类型企业所得税增速比较图

2019年分季度累计民营企业所得税占全部企业所得税的比重分析。1–3月累计，国有及控股所得税占比为24.4%，涉外企业税收收入占比为23.3%，民营企业税收收入占比为52.3%；1–6月累计，国有及控股所得税占比为27.0%，涉外企业税收收入占比为20.5%，民营企业税收收入占比为52.5%；1–9月累计，国有及控股所得税占比为25.3%，涉外企业税收收入占比为22.2%，民营企业税收收入占比为52.5%；1–12月累计，国有及控股所得税占比为24.0%，涉外企业税收收入占比为22.9%，民营企业税收收入占比为53.1%。（见表12、图12）

表12　各经济类型企业所得税收入占比

单位：%

时间	国有及控股	涉外企业	民营企业	其中：私营企业
2017.1–12	31.3	25.2	43.5	10.9
2018.1–03	22.5	25.8	51.7	14.5
2018.1–06	28.0	22.8	49.2	12.5
2018.1–09	26.5	24.5	49.0	12.7
2018.1–12	25.3	25.2	49.5	13.1
2019.1–03	24.4	23.3	52.3	15.6
2019.1–06	27.0	20.5	52.5	13.8
2019.1–09	25.3	22.2	52.5	13.9
2019.1–12	24.0	22.9	53.1	14.3

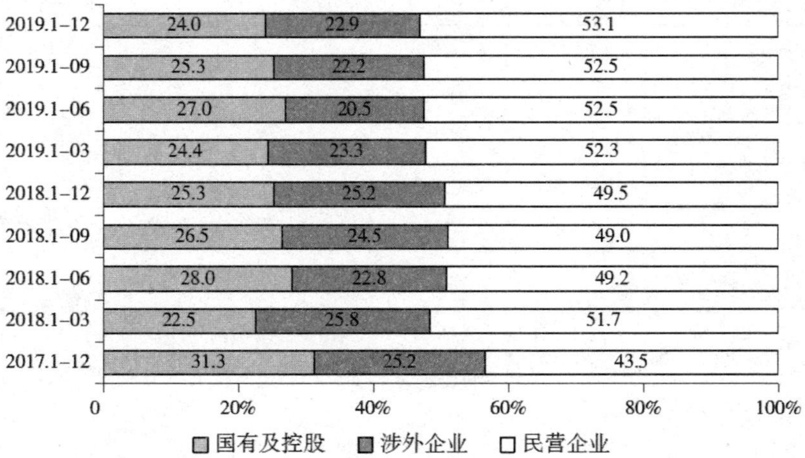

图12　各经济类型增值税收入占比图

六、民企外经外贸

——外贸整体下滑，民企稳步增长

2019年，受到全球外贸市场萎缩和人民币汇率波动等因素影响，我国进出口整体表现乏力，较去年小幅下降。据海关统计，2019年1–12月，我国进出口总值为4.58万亿美元，较去年同期减少469亿美元，同比（下同）下降1%；其中，出口2.5万亿美元，较去年同期增加116亿美元，增长0.5%；进口2.08万亿美元，较去年同期减少594.4亿美元，下降2.7%；贸易顺差4219.3亿美元，扩大20%。（见表1、表2）

国有企业和外资企业出口大幅下降，是2019年我国进出口总体疲软的主要原因。2019年3月、6月、9月、12月，我国进出口持续下降，年底下降趋势略有扭转，3月进出口下降1.5%，6月下降2%，9月下降2.3%，12月下降1%（见表3）。出口方面，3月出口表现尚可，上涨1.4%，6月上涨0.1%，9月出口滑落，下降0.1%，12月增长0.5%。国有企业2019年3月、6月、9月、12月出口额下降8.4%、10.5%、10.5%、8.3%，外资企业2019年3月、6月、9月、12月出口额下降3.4%、5%、6%、6.7。（见表4）

民营企业贡献了2019年我国进出口的全部增量，占比进一步提升，进出口占比和出口占比均超越外资企业和国有企业。截至2019年12月，民营企业进出口额达到1.98万亿美元，比去年增加1294亿美元，增长率高达7%，占比43.2%；其中，民营企业出口猛增至1.30亿美元，在人民币对美元贬值的情况下，较去年增加1031.8亿美元，实现了8.6%的高增长。国有企业、外资企业进口、出口皆呈现负增长，外资企业依然在进口总额中占比最大，但12月较去年下降7.9%，而民营企业进口额增长4%，较去年增加252.6亿美元，占32.8%，占比进一步提高，比去年同期增加2个百分点。（见表1、表2、表5、表6）

表1 2015—2019年12月进出口总额情况（商品贸易方式企业性质）

单位：亿美元、%

时间		2015	2016	2017	2018	2019.12
全国企业	进出口金额	39530.3	36855.6	41071.6	46230.4	45761
	进出口增长额		–2674.7	4216.0	5185.5	–469
	进出口增长率	–8.0	–6.8	11.4	12.6	–1
国有企业	进出口金额	6502.3	5764.2	6686.7	8046.1	7725
	进出口增长率	–13.0	–11.4	16.0	20.3	–4
	进出口比重	16.4	15.6	16.3	17.4	16.9
	进出口增长额		–738.1	922.5	1359.4	–321
	进出口贡献率		–27.6	21.9	26.2	68.5
外商投资企业	进出口金额	18346.2	16874.1	18391.4	19680.7	18239
	进出口增长率	–7.5	–8.0	9.0	7	–7.3
	进出口比重	46.4	45.8	44.8	42.6	39.9
	进出口增长额		–1472.1	1517.3	1289.4	–1442
	进出口贡献率		–55.0	36.0	24.9	307.3
民营企业	进出口金额	14720.6	14205.7	15966.9	18503.6	19798
	进出口增长率	37.2	–3.5	12.4	15.9	7
	进出口比重	37.2	38.6	38.9	40	43.2
	进出口增长额		–534.9	1761.2	2536.6	1294
	进出口贡献率		–20.0	41.8	48.9	–275.8
贸易差额		5939	5097.1	4195.8	3517.6	4219.3

资料来源：中国海关总署。

表2　2015—2019年出口总额情况（商品贸易方式企业性质）

单位：亿美元、%

时间		2015	2016	2017	2018	2019.12
全国企业	出口金额	22734.7	20976.3	22633.7	24874	24990
	出口增长率	−2.9	−7.7	7.9	9.9	0.5
	出口占比	57.5	56.9	55.1	100	100
	出口增长额		−1758.4	1657.4	2240.3	116
国有企业	出口金额	2423.9	2156.1	2312.3	2572.6	2356
	出口增长率	−5.5	−11	7.3	11.1	−8.3
	出口比重	10.7	10.3	10.2	9.4	9.4
	出口增长额		−267.8	156.2	260.3	−216.6
	出口贡献率		−15.2	9.4	11.6	−186.7
外商投资企业	出口金额	10047.3	9169.5	9775.6	10360.2	9661
	出口增长率	−6.5	−8.7	6.6	6	−6.7
	出口比重	44.2	43.7	43.2	39.1	38.7
	出口增长额		−877.8	606.1	584.6	−699.2
	出口贡献率		−49.9	36.6	26.1	−602.8
民营企业	出口金额	10278.3	9650.9	10547.2	11941.2	12973
	出口增长率	1.6	−6.1	9.3	13.2	8.6
	出口比重	45.1	46.0	46.6	51.5	51.9
	出口增长额		−627.4	896.3	1394	1031.8
	出口贡献率		−36.7	54.1	62.2	889.5

资料来源：中国海关总署。

表3　2019年1–12月进出口总额情况（商品贸易方式企业性质）

单位：亿美元、%

时间		2018.12	2019.3	2019.6	2019.9	2019.12
全国企业	进出口金额	46230.4	10271.5	21611.5	33517.8	45761
	进出口增长额	5185.5	−150.1	−435.9	−801.2	−469
	进出口增长率	12.6	−1.5	−2	−2.3	−1

续表

时间		2018.12	2019.3	2019.6	2019.9	2019.12
国有企业	进出口金额	8046.1	1821.1	3783.6	5746.3	7725
	进出口增长率	20.3	–3.7	–5.4	–5.3	–4
	进出口比重	17.4	17.7	17.5	17.1	16.9
	进出口增长额	1359.4	–69.9	–214.9	–320	–321
	进出口贡献率	26.2	46.6	49.3	39.9	68.5
外商投资企业	进出口金额	19680.7	4245.6	8729.2	13489	18239
	进出口增长率	7	–5.6	–6.6	–7.7	–7.3
	进出口比重	42.6	41.3	40.4	40.2	39.9
	进出口增长额	1289.4	–249.9	–618.5	–1129.3	–1442
	进出口贡献率	24.9	166.5	141.9	141	307.3
民营企业	进出口金额	18503.6	4204.8	9098.6	14282.6	19798
	进出口增长率	15.9	4.2	4.6	4.8	7
	进出口比重	40	40.9	42.1	42.6	43.2
	进出口增长额	2536.6	169.6	397.5	648.1	1294
	进出口贡献率	48.9	–113	–91.2	–80.9	–275.8

资料来源：中国海关总署。

表4 2019年1–12月出口总额情况（商品贸易方式企业性质）

单位：亿美元、%

时间		2018.12	2019.3	2019.6	2019.9	2019.12
全国企业	出口金额	24874	5517.4	11711.5	18251.1	24990
	出口增长率	9.9	1.4	0.1	–0.1	0.5
	出口占比	100	100	100	100	100
	出口增长额	2240.3	64.7	–5.1	–15.3	116
国有企业	出口金额	2572.6	544.2	1145.2	1745.3	2356
	出口增长率	11.1	–8.4	–10.5	–10.5	–8.3
	出口比重	9.4	9.9	9.8	9.6	9.4
	出口增长额	260.3	–49.6	–136.2	–181	–216.6
	出口贡献率	11.6	–76.7	2671	1183	–186.7
外商投资企业	出口金额	10360.2	2250.6	4627.9	7132	9661

续表

时间		2018.12	2019.3	2019.6	2019.9	2019.12
外商投资企业	出口增长率	6	–3.4	–5	–6	–6.7
	出口比重	39.1	40.8	39.5	39.1	38.7
	出口增长额	584.6	–77	–243.6	–454.7	–699.2
	出口贡献率	26.1	–119	4776	2972	–602.8
民营企业	出口金额	11941.2	2722.6	5938.4	9373.8	12973
	出口增长率	13.2	7.6	6.7	7.1	8.6
	出口比重	51.5	49.3	50.7	51.3	51.9
	出口增长额	1394	191.3	375	620.4	1031.8
	出口贡献率	62.6	295.7	–7353	–4055	889.5

资料来源：中国海关总署。

表5　2015—2019年进口总额情况（商品贸易方式企业性质）

单位：亿美元、%

时间		2015	2016	2017	2018	2019.12
全国企业	进口金额	16795.6	15879.3	18437.9	21356.4	20771
	进口增长率	–14.1	–5.5	16.1	15.8	–2.7
	进口占比	42.5	43.1	44.9	100	100
	进口增长额		–916.3	2558.6	2918.5	–594.4
国有企业	进口金额	4078.4	3608.2	4374.4	5473.5	5369
	进口增长率	–16.9	–11.4	21.1	24.9	–1.9
	进口比重	24.2	22.8	23.8	25.6	25.9
	进口增长额		–470.2	766.2	1099.1	–104.5
	进口贡献率		51.3	29.9	37.7	17.6
外商投资企业	进口金额	8298.9	7704.7	8615.8	9320.5	8578
	进口增长率	–8.7	–7.0	11.8	8.1	–7.9
	进口比重	49.3	48.6	46.8	43.6	41.3
	进口增长额		–594.2	911.1	704.7	–742.5
	进口贡献率		64.8	35.6	24.1	124.9
民营企业	进口金额	4442.3	4554.8	5419.7	6562.4	6824

续表

时间		2015	2016	2017	2018	2019.12
民营企业	进口增长率	–20.7	2.5	19.0	21.1	4
	进口比重	26.5	29.6	29.4	30.8	32.8
	进口增长额		112.5	864.9	1114.7	252.6
	进口贡献率		12.3	33.8	38.2	–42.5

资料来源：中国海关总署。

表6　2019年1–12月进口总额情况（商品贸易方式企业性质）

单位：亿美元、%

时间		2018.11	2019.3	2019.6	2019.9	2019.12
全国企业	进口金额	19727.3	4754.1	9900	15266.8	20771
	进口增长率	18.4	–4.8	–4.3	–5	–2.7
	进口占比	46.5	100	100	100	100
	进口增长额	3091.5	–214.9	–430.8	–785.8	–594.4
国有企业	进口金额	5046.8	1276.8	2638.4	4001	5369
	进口增长率	27.2	–2.1	–3	–3.4	–1.9
	进口比重	25.6	26.9	26.7	26.2	25.9
	进口增长额	1087.2	–20.4	–78.8	–139	–104.5
	进口贡献率	35.2	9.5	18.3	17.7	17.6
外商投资企业	进口金额	8637.3	1995	4101.3	6357	8578
	进口增长率	10.6	–8.1	–8.4	–9.5	–7.9
	进口比重	43.8	42	41.4	41.6	41.3
	进口增长额	827.3	–172.8	–375	–674.5	–742.5
	进口贡献率	26.8	80.4	87	85.8	124.9
民营企业	进口金额	6043.2	1482.3	3160.3	4908.8	6824
	进口增长率	24.2	–1.4	0.7	0.6	4
	进口比重	30.6	31.1	31.9	32.2	32.8
	进口增长额	1177.0	–21.7	23	27.7	252.6
	进口贡献率	38.1	10.1	–5.3	–3.5	–42.5

资料来源：中国海关总署。

民企海外投资

1. 2002—2018年中国对外直接投资情况回顾

2018年，受到汇率波动、国际形势不确定性增长等因素影响，全球外国直接投资总量萎缩，中国企业对外投资亦趋于理性，结构和质量得到优化，虽然“走出去”的步伐较上一年有所放缓，但中国经济的开放水平有了较大提升。中国对外直接投资始终保持高增长，尤其是近五年来，中国对世界经济的贡献日益凸显。2002—2018年中国对外直接投资年均增长28.2%；其中，2013年中国对外直接投资流量首次突破千亿美元大关，2013—2018年对外投资流量累计达8741.1亿美元，占存量的44.1%之多。

2018年中国对外直接投资流量1430.4亿美元，同比（下同）下降9.6%，仅次于日本，规模位列全球第二；占全球份额的14.1%，占比创历史新高。2018年中国对外直接投资存量达1.98万亿美元，是2002年投资存量的66.3倍，占全球投资存量份额由2002年的0.4%提升到6.4%，排名由全球第25位上升到第三位，但距离存量排名第一的美国（6.5万亿美元）还有较大差距。（见图1）

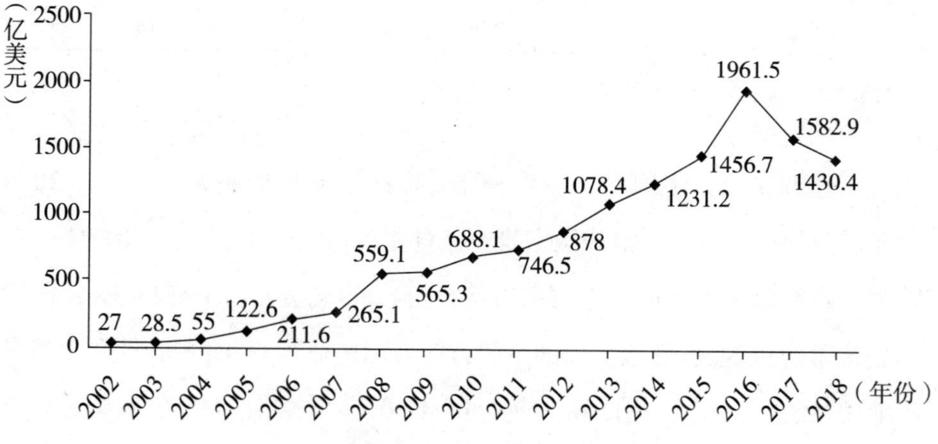

图1　2002—2018年中国对外直接投资流量情况

来源：《2018年中国对外直接投资统计公报》。

截至2018年，中国2.7万家境内投资者在国（境）外188个国家和地区设立4.3万家对外投资企业，资产总额6.6万亿美元，在亚洲的投资存量占64.4%，在拉丁美洲的存量占20.5%，在欧洲的存量占5.7%，在北美洲的存量占4.9%。中国在2018年的对外直接投资涵盖18个行业大类，资金流向的前三名行业是：租赁和商务服务业（35.5%）、金融业（15.2%）、制造业（13.4%）；其中新增股权投资占49.2%，当期收益再投资占29.7%。

截至2019年11月，我国共向全球166个国家和地区进行对外直接投资，拥有境外企业5791家，累计投资987.8亿美元，同比下降5.5%。（见表7）

表7　2018—2019年我国对外全行业直接投资简明统计

单位：个、亿美元、%

时间	2019.11	2019.9	2019.6	2019.3	2018.12	2018.9	2018.6	2018.3
我国投资全球国家和地区	166	164	151	143	161	155	151	140
我国投资境外企业	5791	5016	3582	2060	5735	4597	3617	2023
累计投资	987.8	870.2	574.1	264.3	1298.3	890.6	571.8	252.1
同比	–5.5	–1.3	–5.9	–6.3	0.3	5.8	18.7	–1.1

数据来源：商务部、外汇局数据统计。

近五年来，中国对“一带一路”沿线国家投资频繁，2013—2018年，对“一带一路”沿线国家投资流量累计达986.2亿美元。2018年，在“一带一路”沿线的63个国家直接投资178.9亿美元，下降11.3%，占同期流量的12.5%；资金流向的主要行业有制造业（32.9%）、批发和零售业（20.7%）、电力生产和供应业（9.4%）。2019年1–11月，我国对56个“一带一路”沿线国家进行非金融类直接投资达127.8亿美元，同比下降1.4%。（见表8）

表8　“一带一路”沿线国家投资合作情况

单位：亿美元、%

时间	2019年1–11月	2018年	2017年	2016年	2015年
“一带一路”国家	56个	56个	59个	53个	49个
主要流向	新加坡、老挝、越南、印尼、泰国、巴基斯坦、阿联酋、马来西亚、柬埔寨和哈萨克斯坦	新加坡、老挝、巴基斯坦、印度尼西亚、越南、马来西亚、泰国、柬埔寨	新加坡、马来西亚、老挝、印度尼西亚、巴基斯坦、越南、俄罗斯、阿联酋、柬埔寨	新加坡、印尼、印度、泰国、马来西亚	新加坡、哈萨克斯坦、老挝、印尼、俄罗斯、泰国
非金融类投资	127.8	129.6	143.6	145.3	148.2
占同期总额	12.9	12.4	12	8.50	
同比	↓1.4	↑4.8	↓1.2	↓2	↑18.2
新签对外承包工程项目合同	1276.7	904.3	1443.2	1260.3	926.4
占同期对外承包工程新签合同额	61.2	48.8	54.4	51.60	44.10
同比	↑41.2	↓20.3	↑14.5	↑36	↑7.4

数据来源：商务部“走出去”服务平台，数据截至2019年11月。

2. 民营企业对外投资占比不断提升

随着中国经济尤其是民营经济的蓬勃发展，以及开放程度的不断提高，民营企业参与对外直接投资的热情日益高涨，2018年一整年内表现突出。广义的民营经济，即非公有经济控股的境内投资者已逐渐成为中国参与实现对外投资的主体，2018年非公有经济控股境内直接投资者对外投资755.7亿美元，占比高达62.3%，增长11.2%；公有经济控股对外投资占比则下降了36.1%，降幅接近四成。

截至2018年年底，对外直接投资存量中，非国有企业占52%，国有企业占48%（见图2），对外非金融类直接投资存量中，国有企业占比下降至48%，私营企业占比升至7.1%，有限责任公司占比升至17.7%，股份有限公司占比升至8.8%。（见表9）对外直接投资者中，国有企业占比下降至4.9%，私营企业占比上升至24.3%。（见表10）

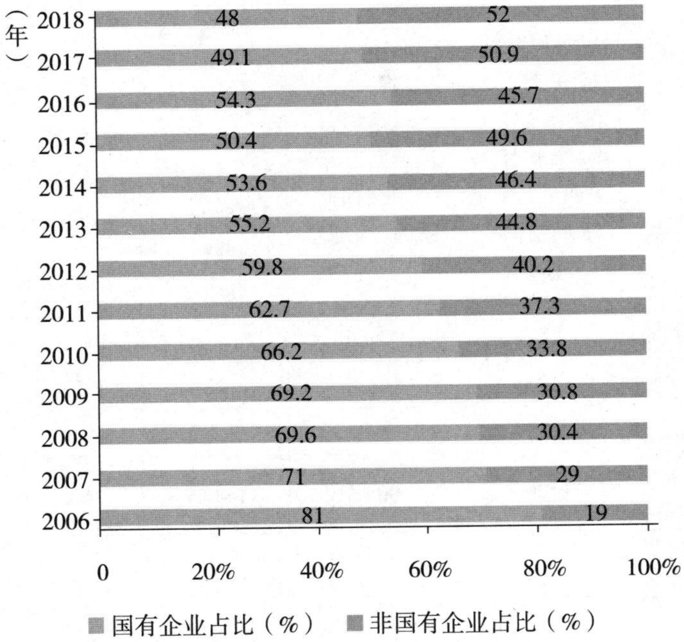

图2　2006—2018年中国对外投资国有企业和非国有企业占比情况

来源：《2018年中国对外直接投资统计公报》。

表9　2007—2018年中国对外直接投资企业类型构成（非金融类存量）

单位：亿美元、%

年份	投资总存量	国有企业		有限责任公司		股份有限公司		私营企业		股份合作		外商投资		港澳台投资		集体企业		其他	
		存量	占比	存量	占比	存量	占比	存量	占比	存量	占比	存量	占比	存量	占比	存量	占比	存量	占比
2018	17643.7	8469	48	3122.9	17.7	1552.6	8.8	1252.7	7.1	88.2	0.5	547	3.1	952.8	5.4	52.9	0.3	564.5	3.2
2017	16062.5	7886.7	49.1	2634.3	16.40	1397.4	8.70	1108.3	6.90	80.3	0.50	481.9	3	931.6	5.80	48.2	0.30	305.2	1.9
2016	11800.5	6407.7	54.3	2100.5	17.8	1014.8	8.6	1026.6	8.7	82.6	0.7	413.0	3.5	413.0	3.5	35.4	0.3	306.8	2.6
2015	9382.0	4728.5	50.4	3021.0	32.2	816.2	8.7	197.0	2.1	159.5	1.7	140.7	1.5	37.5	0.4	28.2	0.3	253.3	2.7
2014	7450.2	3993.3	53.6	2473.5	33.2	573.7	7.7	119.2	1.6	111.6	1.5	89.4	1.2	22.4	0.3	7.5	0.1	59.6	0.8

续表

年份	投资总存量	国有企业		有限责任公司		股份有限公司		私营企业		股份合作		外商投资		港澳台投资		集体企业		其他	
		存量	占比	存量	占比	存量	占比	存量	占比	存量	占比	存量	占比	存量	占比	存量	占比	存量	占比
2013	5434.0	2999.6	55.2	1673.7	30.8	407.6	7.5	119.6	2.2	108.7	2.0	65.2	1.2	21.7	0.4	5.4	0.1	32.6	0.6
2012	5319.4	3181.0	59.8	1393.7	26.2	351.1	6.6	117.0	2.2	154.3	2.9	58.5	1.1	16.0	0.3	10.6	0.2	37.2	0.7
2011	4247.8	2663.4	62.7	1057.7	24.9	322.8	7.6	72.2	1.7	68.0	1.6	38.2	0.9	8.5	0.2	8.5	0.2	8.5	0.2
2010	3172.1	2099.9	66.2	748.6	23.6	193.5	6.1	47.6	1.5	34.9	1.1	22.2	0.7	3.2	0.1	6.3	0.2	15.9	0.5
2009	2457.5	1700.6	69.2	540.7	22.0	137.6	5.6	24.6	1.0	24.6	1.0	12.3	0.5	2.5	0.1	7.4	0.3	7.4	0.3
2008	1839.7	1280.4	69.6	369.8	20.1	121.4	6.6	18.4	1.0	22.1	1.2	14.7	0.8	1.8	0.1	7.4	0.4	3.7	0.2
2007	1179.1	837.2	71.0	239.4	20.3	60.1	5.1	14.2	1.2	14.2	1.2	共占0.8（9.4）				4.7	0.4	0.0	0.0

数据来源：商务部、国家统计局、国家外汇管理局，2007—2018年度《中国对外直接投资统计公报》。

* 可收集的数据到2008年。

表10　2009—2018年中国对外非金融类直接投资企业类型构成（对外直接投资者）

单位：家、%

年份	总数	国有企业		私营企业		有限责任公司		股份有限公司		股份合作业		外商投资业		港澳台投资		集体企业		个体经营		其他	
		数量	占比	数量	占比	数量	占比	数量	占比	数量	占比	数量	占比	数量	占比	数量	占比	数量	占比	数量	占比
2018	27091	1335	4.9	6583	24.3	11787	43.5	3013	11.1	429	1.6	1347	5	999	3.7	96	0.4	654	2.4	783	2.9
2017	25529	1422	5.6	6570	25.7	10577	41.4	2790	10.9	465	1.8	1280	5.0	854	3.4	94	0.4	646	2.5	931	3.3
2016	24402	1268	5.2	6386	26.2	10536	43.2	2474	10.1	498	2.0	1175	4.8	776	3.2	113	0.5	583	2.4	586	2.4
2015	20207	1165	5.8	1879	9.3	13612	67.4	1559	7.7	458	2.3	562	2.8	385	1.9	88	0.4	186	0.9	312	1.5
2014	18547	1240	6.7	1528	8.2	12459	67.2	1245	6.7	474	2.5	477	2.6	329	1.8	93	0.5	160	0.9	542	2.9
2013	15300	1232	8.0	1282	8.4	10116	66.1	1081	7.1	469	3.1	454	3.0	311	2.0	92	0.6	106	0.7	157	1.0
2012	15994	1461	9.1	1326	8.3	10004	62.5	1191	7.4	549	3.4	536	3.4	358	2.2	130	0.8	250	1.6	189	1.3
2011	13462	1495	11.1	1120	8.3	8136	60.4	1036	7.7	535	4.0	480	3.6	320	2.4	130	1.0	110	0.8	100	0.7
2010	13000	1326	10.2	1066	8.2	7800	60.0	910	7.0	598	4.6	416	3.2	260	2.0	143	1.1			858	6.6
2009	12072	1624	13.4	904	7.5	6968	57.7	867	7.2	585	4.9	368	3.1	216	1.8	142	1.2			395	3.2

数据来源：商务部、国家统计局、国家外汇管理局2008—2018年度《中国对外直接投资统计公报》。

* 可收集的数据到2008年。

七、民企工资增长

——工资继续增长，已占平均七成

2018年，受民间投资增速下降影响，私营企业员工平均工资水平虽然明显上升，同比名义增长率达8.3%，增速较2018年年底上升了1.5个百分点。但私营企业工资水平仍然相对较低，私营企业与非私营企业的工资差距仍呈扩大态势。

（一）全国城镇单位就业人员年平均工资情况

2018年，全国城镇单位就业人员平均工资继续稳步增长。城镇私营单位就业人员年平均工资为49575元，比上年增长8.3%，增速比上年加快1.5个百分点，扣除价格因素，实际增长6.1%；城镇非私营单位就业人员年平均工资为82461元，比上年增长11.0%，增速比上年加快1个百分点，扣除价格因素，实际增长8.7%。（见表1）

城镇单位就业人员平均工资名义增长率自2011年达到顶峰后开始下降，随后私营单位工资增长率一路下滑，2017年降至6.8%，为2010年以来历史最低位；非私营单位工资增速2016年降至8.9%的历史最低点后，2018年回升至11.0%，比私营单位工资增速高出2.7个百分点。2015年起私营单位工资增速始终低于非私营单位水平，2018年私营单位平均工资为非私营单位的60.2%，二者的收入差距进一步扩大。（见图1、图2）。

表1　2012—2018年城镇两类单位就业人员年平均工资情况

单位：元、%

指标	平均工资			增长率	
类型	私营单位	非私营单位	私营/非私营	私营单位	非私营单位
2012年	28752	46769	61	17.1	11.9
2013年	32706	51483	64	13.8	10.1
2014年	36390	56360	65	11.3	9.5
2015年	39589	62029	64	8.8	10.1
2016年	42833	67569	63	8.2	8.9
2017年	45761	74318	62	6.8	10.0
2018年	49575	82461	60.2	8.3	11.0

注：数据源自国家统计局。

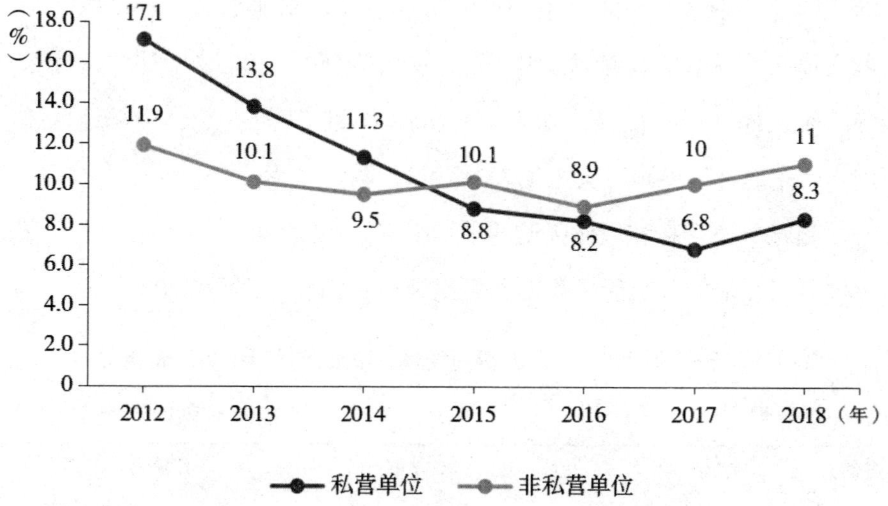

图1　2012—2018年城镇两类单位就业人员年平均工资名义增长率情况

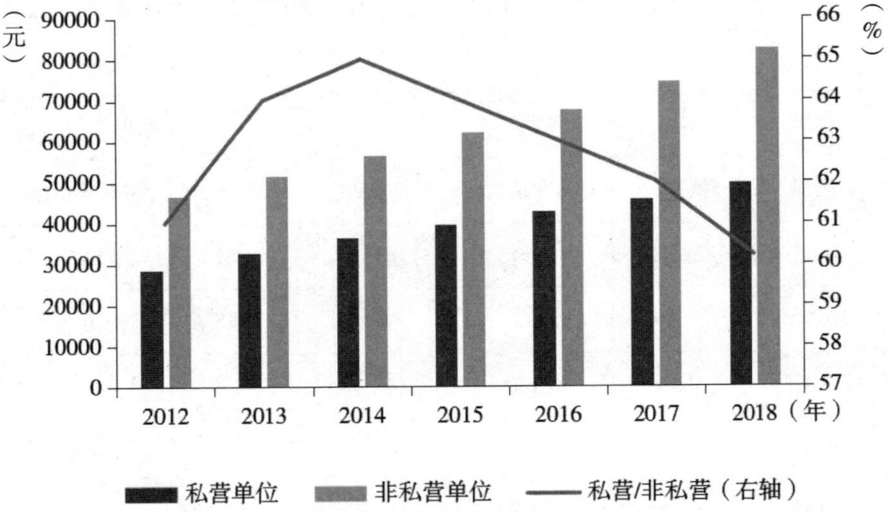

图2　2012—2018年城镇两类单位就业人员年平均工资情况

数据来源：国家统计局，本节下同。

1. 按区域分单位年平均工资情况

2018年城镇私营、非私营单位就业人员年平均工资由高到低依次是东部、西部、中部和东北，东部地区工资最高、东北地区工资最低；同比名义增长率从高到低依次为中部、西部、东部和东北，中部地区增长最快，东北地区增长最慢；私营、非私营单位的工资差距，中部地区差距最小，东北地区差距最大（见表2、表3、图3）。

非私营单位最高和最低区域的平均工资之比为1.43，与上年持平；私营单位最高和最低区域的平均工资之比为1.49，比上年扩大0.03。

表2　2016—2018年分地区城镇两类单位就业人员年平均工资情况

单位：元、%

时间	2016年			2017年			2018年		
类型	非私营	私营	私营/非私营	非私营	私营	私营/非私营	非私营	私营	私营/非私营
全国	67569	42833	63	74318	45761	62	82461	49575	60.1

续表

时间	2016年			2017年			2018年		
类型	非私营	私营	私营/非私营	非私营	私营	私营/非私营	非私营	私营	私营/非私营
东部	77013	47347	61	84809	50592	60	93253	55230	59.2
中部	55299	35000	63	61193	37723	62	68969	41047	59.5
西部	62453	39047	63	68323	41242	60	75755	43842	57.9
东北	54872	33184	60	59514	34694	58	65411	37071	56.7

注：数据源自国家统计局。

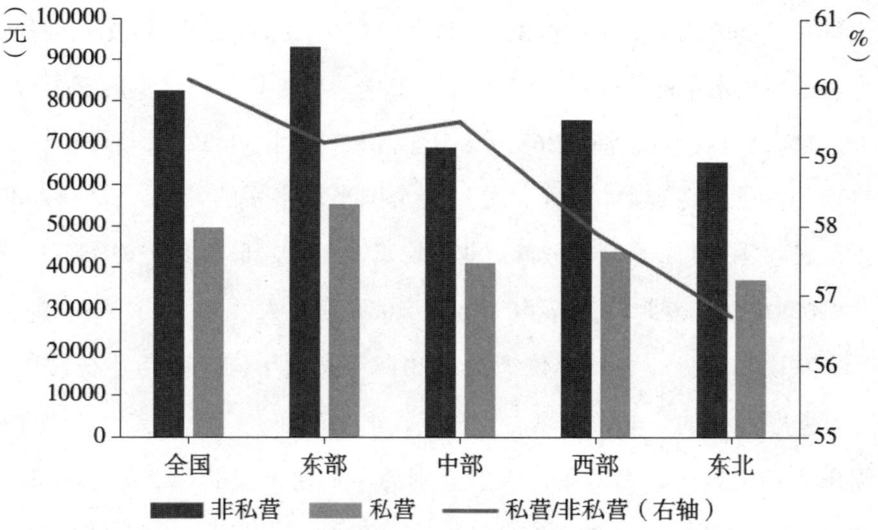

图3　2018年分地区城镇两类单位就业人员年平均工资情况

表3　2016—2018年分地区城镇两类单位就业人员年平均工资名义增长率情况

单位：%

时间	2016年		2017年		2018年	
类型	非私营	私营	非私营	私营	非私营	私营
全国	8.9	8.2	10.0	6.8	11.0	8.3
东部	9.1	9.0	10.1	6.9	10.0	9.2
中部	8.8	6.8	10.7	7.8	12.7	8.8
西部	9.0	7.0	9.4	5.6	10.9	6.3
东北	7.5	3.1	8.5	4.5	9.9	6.9

2. 按行业分单位年平均工资情况

2018年，非私营单位年平均工资最高的三个行业分别是信息传输、软件和信息技术服务业147678元，金融业129837元，科学研究和技术服务业123343元，分别为全国平均水平的1.79倍、1.57倍和1.5倍。年平均工资最低的三个行业分别是农、林、牧、渔业36466元，住宿和餐饮业48260元，居民服务、修理和其他服务业55343元，分别为全国平均水平的44%、59%和67%；私营单位年平均工资最高的三个行业分别是信息传输、软件和信息技术服务业76326元，金融业（主要是各种保险代理、典当行和投资咨询公司）62943元，科学研究和技术服务业61876元，分别为全国平均水平的1.54倍、1.27倍和1.25倍。年平均工资最低的三个行业分别是农、林、牧、渔业36375元，住宿和餐饮业39632元，居民服务、修理和其他服务业41058元，分别为全国平均水平的73%、80%和83%（见表4、图4）。最高与最低行业平均工资之比，非私营单位为4.05，私营单位为2.10，差距较2017年的3.65、2.05略有扩大。

对比私营、非私营单位情况，2018年私营单位工资与非私营单位工资差距最大的是电力、热力、燃气、水生产和供应业，文化、体育、娱乐业和金融业，私营单位工资分别为非私营单位的44.2%、45.2%、48.5%；工资差距最小的是农、林、牧、渔业，建筑业，住宿、餐饮业，私营单位工资分别为非私营单位的99.8%、84.1%、82.1%。所有行业私营单位的平均工资均低于同行业非私营单位水平。（见表4）

表4　2017—2018年城镇单位分行业就业人员年工资情况

单位：元、%

时间	2017年			2018年		
类型	非私营	私营	私营/非私营	非私营	私营	私营/非私营
合计	74318	45761	62	82413	49575	60.2
农林牧渔业	36504	34272	94	36466	36375	99.8

续表

时间	2017年			2018年		
类型	非私营	私营	私营/非私营	非私营	私营	私营/非私营
采矿业	69500	41236	59	81429	44096	54.2
制造业	64452	44991	70	72088	49275	68.4
电力、热力、燃气、水生产和供应业	90348	41510	46	100162	44239	44.2
建筑业	55568	46944	84	60501	50879	84.1
批发和零售业	71201	42359	59	80551	45177	56.1
交通运输、仓储、邮政业	80225	45852	57	88508	50547	57.1
住宿、餐饮业	45751	36886	81	48260	39632	82.1
信息传输、软件、信息技术服务业	133150	70415	53	147678	76326	51.7
金融业	122851	52289	43	129837	62943	48.5
房地产业	69277	48025	69	75281	51393	68.3
租赁、商务服务业	81393	51394	63	85147	53382	62.7
科学研究、技术服务业	107815	58102	54	123343	61876	50.2
水利、环境、公共设施管理业	52229	41061	79	56670	42409	74.8
居民服务、修理、其他服务业	50552	38417	76	55343	41058	74.2
教育	83412	43263	52	92383	46228	50
卫生、社会工作	89648	47296	53	98118	52343	53.3
文化、体育、娱乐业	87803	41201	47	98621	44592	45.2

注：数据源自国家统计局。

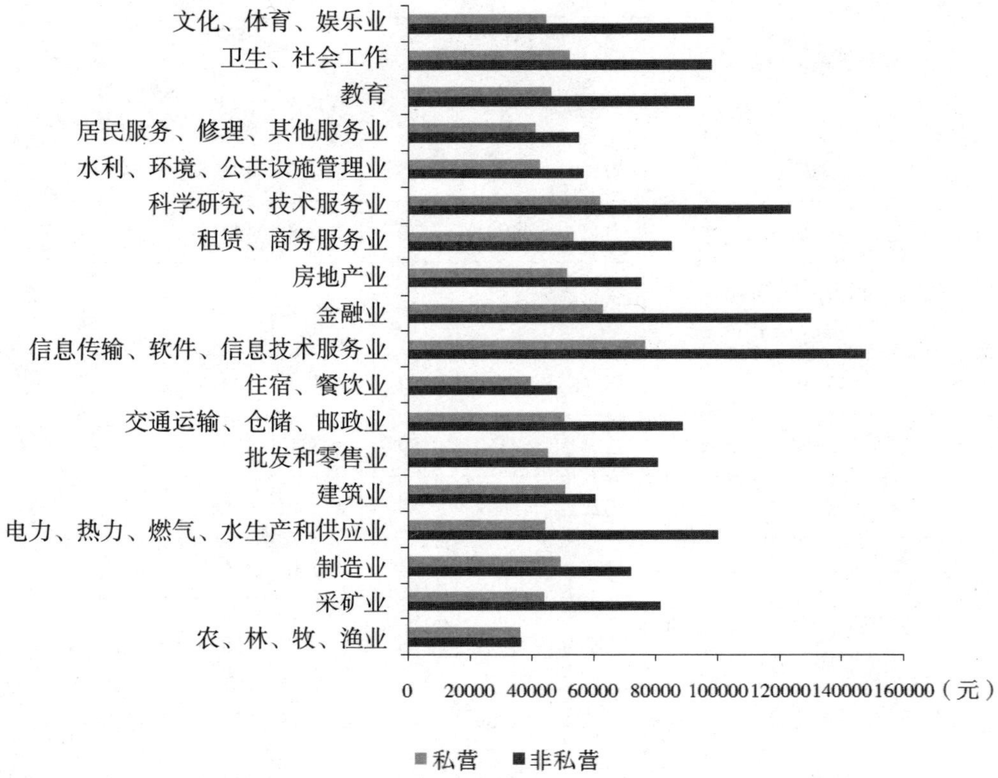

图4 2018年城镇两类单位分行业就业人员年平均工资情况

从行业平均工资的增速来看，私营单位增速最高的三个行业为金融业（20.4%），卫生、社会工作（10.7%），交通运输、仓储、邮政业（10.2%），增速最低的三个行业为水利、环境、公共设施管理业（3.3%），租赁、商务服务业（3.9%），农、林、牧、渔业（6.1%）；非私营单位增速最高的三个行业为采矿业（17.2%），科学研究、技术服务业（14.4%），批发和零售业（13.1%），增速最低的三个行业为农林牧渔业（–0.1%），租赁、商务服务业（4.6%），住宿、餐饮业（5.5%）。（见表5）

对比私营、非私营单位增长率情况，18个行业大类中，私营单位平均工资名义增长率整体低于非私营单位，仅有4个行业私营单位增长率高于非私营单位：住宿、餐饮业，农、林、牧、渔业，金融业，卫生、社会工作。

表5　2017—2018年城镇单位分行业就业人员年平均工资名义增长率

单位：%

时　间	2017年		2018年	
类　型	非私营	私营	非私营	私营
合计	10.0	6.8	10.9	8.3
农、林、牧、渔业	8.6	9.5	–0.1	6.1
采矿业	14.8	4.1	17.2	6.9
制造业	8.4	6.8	11.8	9.5
电力、热力、燃气、水生产和供应业	7.7	7.5	10.9	6.6
建筑业	6.7	4.8	8.9	8.4
批发和零售业	9.4	7.0	13.1	6.7
交通运输、仓储、邮政业	8.9	7.4	10.3	10.2
住宿、餐饮业	5.5	6.3	5.5	7.4
信息传输、软件、信息技术服务业	8.7	10.8	10.9	8.4
金融业	4.6	3.8	5.7	20.4
房地产业	5.8	4.3	8.7	7
租赁、商务服务业	6.0	7.4	4.6	3.9
科学研究、技术服务业	11.6	6.1	14.4	6.5
水利、环境、公共设施管理业	9.4	2.4	8.5	3.3
居民服务、修理、其他服务业	6.3	7.2	9.5	6.9
教育	12.0	9.5	10.8	6.9
卫生、社会工作	12.0	7.5	9.4	10.7
文化、体育、娱乐业	9.9	7.8	12.3	8.2

注：数据源自国家统计局。

3. 按登记注册类型分单位年平均工资情况

在10种登记注册类型中，2018年平均工资水平最高的是外商投资企业（99367元）、股份有限企业（93316元）、国有企业（89474元），平均工资水平最低的是私营企业（49575元）、集体企业（60664元）、其他内资（61666元）。从平均工资的增长速度来看，联营企业（17.3%）、其他内资（13.3%）增速最高，股份合作（8.2%）、私营企业（8.3%）增速最低。（见表6、图5）

表6　2016—2018年城镇按登记注册类型分单位就业人员年平均工资情况

单位：元、%

项目	平均工资			名义增长率		
登记注册类型	2016年	2017年	2018年	2016年	2017年	2018年
私营	42833	45761	49575	8.2	6.8	8.3
非私营	67569	74318	82413	8.9	10.0	10.9
其中：国有	72538	81114	89474	11.1	11.8	10.3
集体	50527	55243	60664	8.4	9.3	9.8
股份合作	65962	71871	77751	9.3	9.0	8.2
联营	53455	61467	72107	5.4	15.0	17.3
有限责任	58490	63895	72114	7.4	9.2	12.9
股份有限	78285	85028	93316	7.8	8.6	9.7
其他内资	49759	54417	61666	6.0	9.4	13.3
港、澳、台商投资	67506	73016	82027	8.9	8.2	12.3
外商投资	82902	90064	99367	8.6	8.6	10.3

注：数据源自国家统计局。

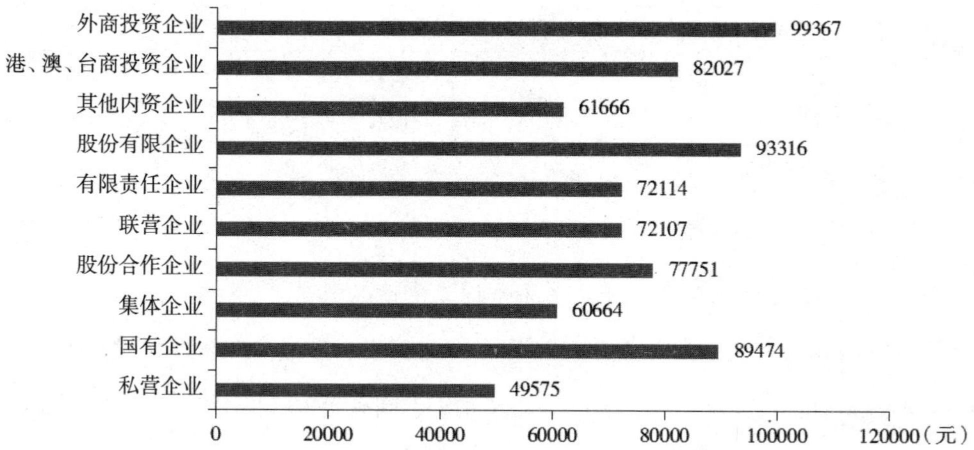

图5　2018年城镇按登记注册类型分单位就业人员年平均工资情况

（二）规模以上企业就业人员分岗位年平均工资情况

2018年全国规模以上企业就业人员年平均工资为68380元，比上年增长11.0%。其中，中层及以上管理人员145125元，增长10.0%；专业技术人员96703元，增长16.3%；办事人员和有关人员63755元，增长9.5%；社会生产服务和生活服务人员54945元，增长11.0%；生产制造及有关人员55148元，增长8.8%。

中层及以上管理人员平均工资最高，是全部就业人员平均水平的2.12倍；社会生产服务和生活服务人员平均工资最低，是全部就业人员平均水平的80%。岗位平均工资最高与最低之比为2.64，比上年缩小0.03。

按地区分，五类岗位平均工资最高的区域均为东部，平均工资分别为中层及以上管理人员168503元、专业技术人员109651元、办事人员和有关人员71556元、社会生产服务和生活服务人员60447元、生产制造及有关人员57202元。五类岗位平均工资最低的区域均为中部，分别为104652元、72660元、50708元、44959元和50466元。五类岗位平均工资在四大区域内最高与最低之比分别为1.61、1.51、1.41、1.34以及1.13。（见表7、图6）

表7　2018年分地区分岗位就业人员年平均工资

单位：元

项目	全部就业人员	中层及以上管理人员	专业技术人员	办事人员和有关人员	社会生产服务和生活服务人员	生产制造及有关人员
全国	68380	145125	96703	63755	54945	55148
东部	74754	168503	109651	71556	60447	57202
中部	56605	104652	72660	50708	44959	50466
西部	62227	121718	84099	55169	48269	54241
东北	61801	116748	73683	57039	52813	54024

注：数据源自国家统计局。

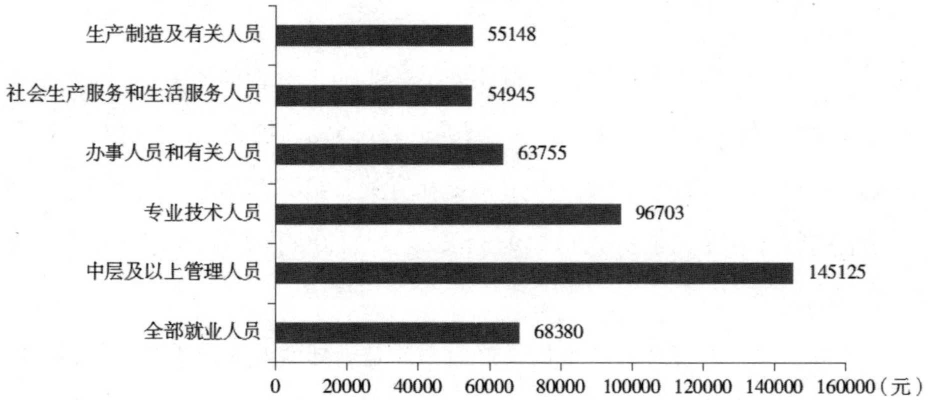

图6 2018年分岗位规模以上企业就业人员年平均工资

按登记注册类型分，中层及以上管理人员、专业技术人员、办事人员和有关人员、社会生产服务和生活服务人员四类岗位平均工资最高的企业类型均为外商投资企业，平均工资分别为292481元、149516元、108175元和78520元；生产制造及有关人员平均工资最高的是国有企业，平均工资为70629元；中层及以上管理人员、专业技术人员、办事人员和有关人员、社会生产服务和生活服务人员四类岗位平均工资最低的企业类型均为集体企业，平均工资分别为88394元、59327元、44086元和39187元；生产制造及有关人员平均工资最低的是联营企业，平均工资为44104元。五类岗位在各企业类型中最高与最低平均工资之比分别为3.31、2.52、2.45、2.00和1.60。（见表8）

表8 2018年分登记注册类型分岗位就业人员年平均工资

单位：元

项目	全部就业人员	中层及以上管理人员	专业技术人员	办事人员和有关人员	社会生产服务和生活服务人员	生产制造及有关人员
全国	68380	145125	96703	63755	54945	55148
私营	54554	100978	71392	50097	43652	47743

续表

项目	全部就业人员	中层及以上管理人员	专业技术人员	办事人员和有关人员	社会生产服务和生活服务人员	生产制造及有关人员
私营/全国	79.8	69.6	73.8	78.6	79.4	86.6
国有	82364	164841	105971	73248	64002	70629
集体	48053	88394	59327	44086	39187	44223
股份合作	54978	97863	67360	48774	43324	48796
联营	59677	132293	81348	52424	50055	44104
有限责任公司	71633	150892	101039	64104	57064	58356
股份有限公司	81413	185016	110540	74425	63716	64406
其他内资	66781	114831	75214	57182	44534	51881
港澳台商投资	80847	214303	141585	87652	64357	57241
外商投资	97083	292481	149516	108175	78520	65541

注：数据源自国家统计局。

（三）各地最低工资标准情况

截至2019年8月31日，已有4个地区上调了最低工资标准，分别是：上海、北京、重庆和陕西。

比较各地最低工资标准水平，东部经济发达地区最低工资较高，上海、深圳、北京、广东（除深圳）、天津、江苏、浙江这7个地区的最低工资标准超过2000元。上海月最低工资标准为2480元，属全国最高。西南、西北、东北等地区的最低工资标准较低，其中辽宁省第四档最低工资标准仅为1120元。（见表9）

表9　2019年全国各地区最低工资标准情况

单位：元

地区	实行日期	月最低工资标准				
		第一档	第二档	第三档	第四档	第五档
上海	2019.04.01	2480				
深圳	2018.07.01	2200				

续表

地区	实行日期	月最低工资标准				
		第一档	第二档	第三档	第四档	第五档
北京	2019.07.01	2200				
广东（除深圳）	2018.07.01	2100	1720	1550	1410	
天津	2017.07.01	2050				
江苏	2018.08.01	2020	1830	1620		
浙江	2017.12.01	2010	1800	1660	1500	
山东	2018.06.01	1910	1730	1550		
河南	2018.10.01	1900	1700	1500		
新疆	2018.01.01	1820	1620	1540	1460	
重庆	2019.01.01	1800	1700			
四川	2018.07.01	1780	1650	1550		
吉林	2017.10.01	1780	1680	1580	1480	
内蒙古	2017.08.01	1760	1660	1560	1460	
湖北	2017.11.01	1750	1500	1380	1250	
山西	2017.10.01	1700	1600	1500	1400	
福建	2017.07.01	1700	1650	1500	1380	1280
江西	2018.01.01	1680	1580	1470		
广西	2018.02.01	1680	1450	1300		
陕西	2019.05.01	1800	1700	1600		
贵州	2017.07.01	1680	1570	1470		
黑龙江	2017.10.01	1680	1450	1270		
云南	2018.05.01	1670	1500	1350		
海南	2018.12.01	1670	1570	1520		
宁夏	2017.10.01	1660	1560	1480		
河北	2016.07.01	1650	1590	1480	1380	
西藏	2018.01.01	1650				
辽宁	2018.01.01	1620	1420	1300	1120	
甘肃	2017.06.01	1620	1570	1520	1470	
湖南	2017.07.01	1580	1430	1280	1130	
安徽	2018.11.01	1550	1380	1280	1180	
青海	2017.05.01	1500				

注：数据根据各地政府、人社厅网站文件整理，截至2019年12月。

（四）农民工平均收入情况

2018年，农民工月均收入3721元，比上年增加236元，增长6.8%，增速比上年提高0.4个百分点。低于全国私营单位8.3%、非私营单位11.0%的增速。由于绝大部分农民工就业单位为私营企业，农民工群体收入的低速增长是私营单位工资收入增速低于非私营单位的一个重要原因。

分行业看，制造业，建筑业，交通运输、仓储和邮政业收入增速分别比上年提高1.9、1.1和0.1个百分点；居民服务、修理和其他服务业收入增速与上年持平；批发和零售业、住宿和餐饮业收入增速分别比上年回落0.4和0.8个百分点。（见表10）

表10　近年农民工月均收入及增速情况

单位：元、%

项目	月均收入			同比增速	
	2016年	2017年	2018年	2017年	2018年
合计	3275	3485	3721	6.4	6.8
制造业	3233	3444	3732	6.5	8.4
建筑业	3687	3918	4209	6.3	7.4
批发和零售业	2839	3048	3263	7.4	7.0
交通运输、仓储和邮政业	3775	4048	4345	7.2	7.3
住宿和餐饮业	2872	3019	3148	5.1	4.3
居民服务、修理和其他服务业	2851	3022	3202	6.0	6.0

注：数据源自国家统计局2016年、2017年、2018年《农民工监测调查报告》。

外出务工农民工月均收入4107元，比上年增加302元，增长7.9%；本地务工农民工月均收入3340元，比上年增加167元，增长5.3%。外出务工农民工月均收入比本地务工农民工多767元，增速比本地务工农民工高2.6个百分点。

分区域看，在东部地区就业的农民工月均收入3955元，比上年增加

278元，增长7.6%，增速比上年提高1.2个百分点；在中部地区就业的农民工月均收入3568元，比上年增加237元，增长7.1%，增速比上年提高0.7个百分点；在西部地区就业的农民工月均收入3522元，比上年增加172元，增长5.1%，增速比上年回落2.4个百分点；在东北地区就业的农民工月均收入3298元，比上年增加44元，增长1.4%，增速比上年回落4.8个百分点。

八、民企最强500

——规模不断提升，效益有所下降

2019年，在世界知名企业排行榜中，中国企业上榜数量继续保持增长态势，如在财富世界500强榜单中，中国企业的数量第一次超过美国企业，达129家（其中中国大陆企业116家），而美国上榜企业仅为121家。从上榜中国企业的所有制结构来看，国强民弱的基本格局没有改变，大型企业中国有及国有控股企业在数量和规模上仍然占据绝对优势。从上榜民营企业来看，上榜企业的资产、营收规模不断增大，但与往年相比，增速有所放缓。

（一）中国民营企业500强

2019年8月，全国工商联发布了中国民营企业500强榜单及调研报告。榜单及调研报告显示，2018年，民营企业500强的规模不断提高，资产、营收、利润等均较上年稳中有升，但受国内外多种因素影响，500强企业盈利能力和经营效率小幅下降。

1. 民营企业500强入围门槛

2018年民营企业500强营收的入围门槛为185.86亿元，较2017年增加了29.02亿元，增幅为18.50%。（见图1）

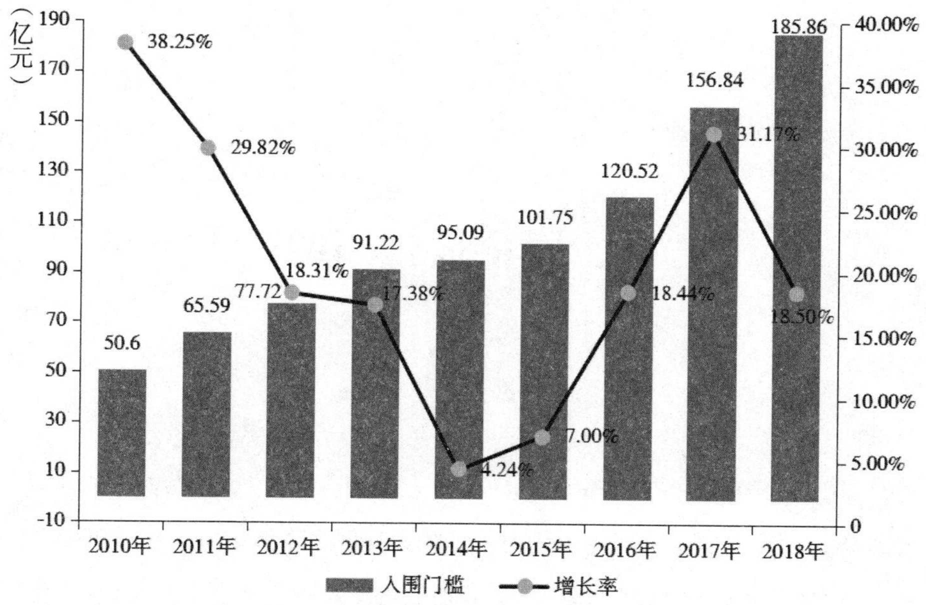

图1 2010—2018年民企500强营收入围门槛变化情况

2. 民营企业500强资产总额情况

2018年，民营企业500强的企业资产总额为346127.53亿元，户均692.26亿元，增幅为22.77%，比上年提高了2.25个百分点。（见图2）

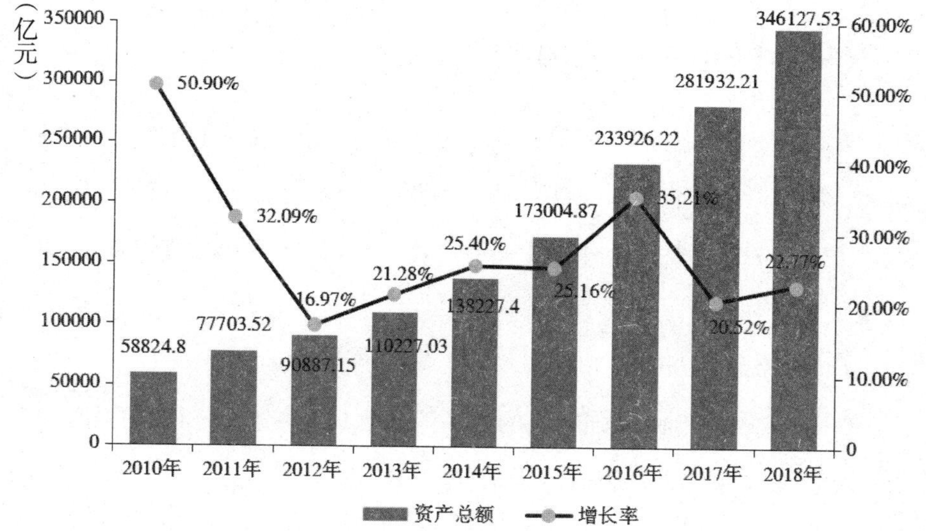

图2 2010—2018年民营企业500强资产总额变化情况

2018年，民营企业500强资产实力稳步提高。2018年，资产总额突破1000亿元的有76家企业，比上年增加15家；资产总额在100亿元至1000亿元之间的有339家；资产总额在50亿元至100亿元之间的有59家（见表1），其中恒大集团有限公司、碧桂园控股有限公司、万科企业股份有限公司、海航集团股份有限公司四家企业资产总额超过万亿元。恒大集团有限公司以18800.28亿元的规模位居资产总额榜首。（见表2）

表1　2016—2018年民营企业500强资产总额结构表

资产总额标准（亿元）	2018年企业数量（家）	2017年企业数量（家）	2016年企业数量（家）
≥1000	76	61	50
≥100＜1000	339	338	318
≥50＜100	59	72	78
＜50	26	29	54

表2　2018年年末民营企业500强资产总额前20家

2018年排名	2017年排名	企业名称	2018年资产（亿元）	2017年资产（亿元）
1	1	恒大集团	18800.28	17617.52
2	3	碧桂园控股	16296.94	10496.69
3	2	万科企业	15285.79	11653.47
4	–	海航集团	10705.13	–
5	4	大连万达	9586.06	10005.26
6	5	泰康保险	8060.22	7128.54
7	8	华为投资	6657.92	5052.25
8	7	复星国际	6388.84	5337.88
9	11	联想控股	5582.67	3350.74
10	10	龙湖集团	5068.84	3627.64
11	12	苏宁控股	4309.34	3306.88
12	9	华夏幸福	4097.12	3758.65
13	13	广州富力地产	3661.94	2981.09

续表

2018年排名	2017年排名	企业名称	2018年资产（亿元）	2017年资产（亿元）
14	14	阳光龙净集团	3541.69	2945.17
15	16	浙江吉利	3334.31	2764.06
16	17	百度公司	2975.63	2517.28
17	15	阳光保险集团	2914.53	2801.01
18	19	新疆广汇	2637.47	2456.81
19	18	美的集团	2637.01	2481.07
20	23	荣盛控股	2499.62	2110.35

3. 民营企业500强营收情况

2018年，民营企业500强的营业收入总额为285033.67亿元，增速为16.44%，较上一年下降了了9.99个百分点，500强企业户均营收570.07亿元。（见图3）

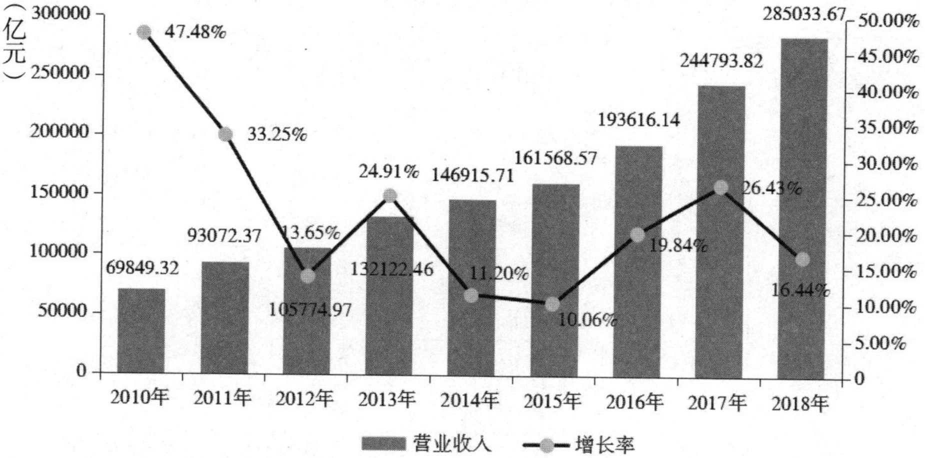

图3 2010—2018年民营企业500强营业收入变化情况

2018年，有56家企业营业收入总额超过1000亿元；85家企业营业收入总额在500亿元至1000亿元之间；359家企业的营业收入总额在100亿元至500亿元之间。（见表3）华为投资控股有限公司营业额继续蝉联榜

首，为7212.02亿元。（见表4）

表3　2016—2018年民营企业500强营业收入结构表

营业收入总额标准（亿元）	2018年企业数量（家）	2017年企业数量（家）	2016年企业数量（家）
≥1000	56	42	27
≥500＜1000	85	91	64
≥100＜500	359	367	409

表4　2018年民营企业500强营业收入前20家

2018年排名	2017年排名	企业名称	2018年营业收入总额（亿元）	2017年营业收入总额（亿元）
1	1	华为投资	7212.02	6036.21
2	–	海航集团	6182.93	–
3	2	苏宁控股	6024.56	5578.75
4	3	正威国际	5051.18	4917.99
5	7	恒大集团	4661.96	3110.22
6	4	京东集团	4620.20	3623.32
7	14	碧桂园控股	3790.79	2269.00
8	9	恒力集团	3717.36	3079.41
9	6	联想控股	3589.20	3162.63
10	8	国美控股	3340.98	3093.50
11	11	浙江吉利	3285.21	2782.65
12	10	大商集团	3002.92	2808.05
13	12	万科企业	2976.79	2428.97
14	5	山东魏桥	2844.87	3595.78
15	15	雪松控股	2688.26	2210.84
16	13	美的集团	2618.20	2419.19
17	16	江苏沙钢	2410.02	2200.10
18	23	青山控股	2265.01	1615.88
19	24	中南控股	2225.43	1538.70
20	20	阳光龙净	2208.96	1730.55

4. 民营企业500强税后净利润情况

2018年，民营企业500强税后净利润持续增加，总额为12891.62亿元，增长率为13.87%。（见图4）

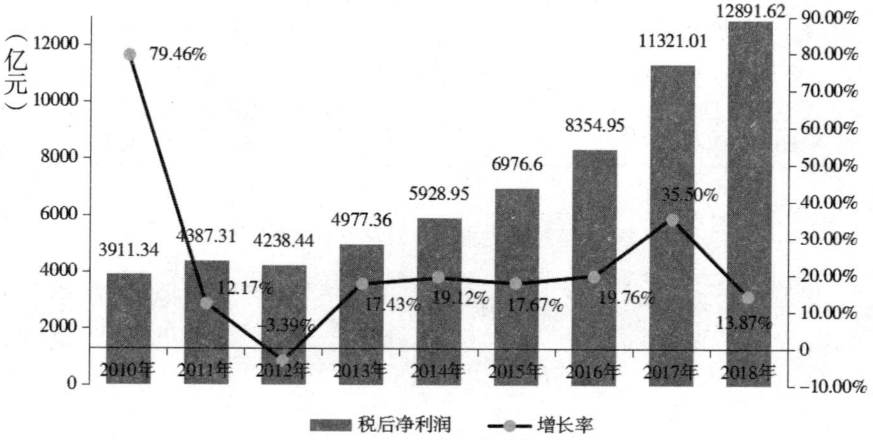

图4　2010—2018年民营企业500强税后净利润增长情况

5. 民营企业500强经营效益情况

从盈利能力看，民营企业500强的销售净利率、资产净利率、净资产收益率较上一年相比小幅下降。2018年民营企业500强销售净利率为4.52%，资产净利率为4.02%，净资产收益率为13.02%。（见图5）

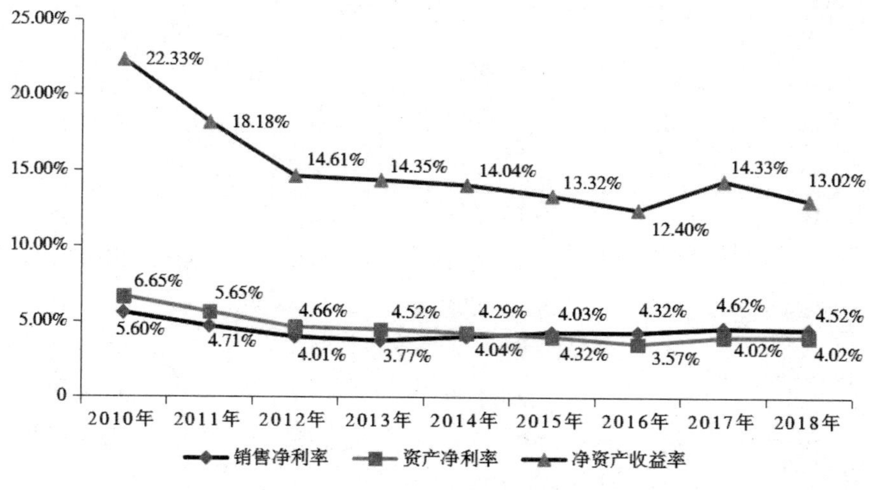

图5　2010—2018年民营企业500强盈利情况

6. 民营企业500强经营效率情况

从经营效率看，民营企业500强的人均营业收入较上年有所增加，人均利润、总资产周转率均小幅下降。2018年，民营企业500强人均营业收入为269.56万元，较2017年增加12.11万元；人均利润为12.19万元，较2017年减少3.87万元；总资产周转率为88.83%，较2017年降低6.08个百分点。（见图6）

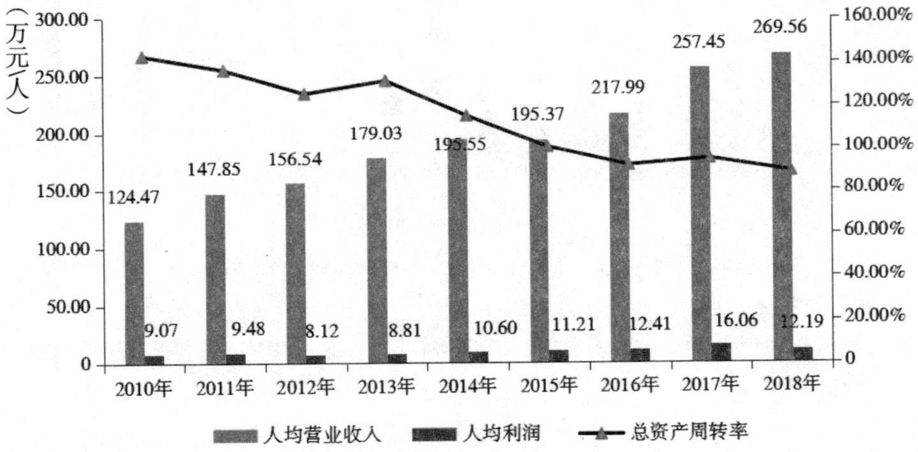

图6　2010—2018年民营企业500强经营效率情况

（二）中国企业500强中的民营企业

2019年9月1日，中国企业联合会、中国企业家协会发布了“2019中国企业500强”榜单，排名依据2018年企业营业收入。“2019中国企业500强”入围门槛为323.25亿元，较上年提高16.36亿元。500强企业去年营收总额达到79.10万亿元，较上年增长11.14%。其中，6家企业营业收入规模超万亿元，营业收入超过1000亿元的共194家，较上年增加22家。

“2019中国企业500强”企业的净利润总额达到35320.95亿元，较上年增长10.28%。500强资产总额也大幅提升，达到299.15万亿元，较上年的274.26万亿元增长了9.08%，连续4年增长。

从所有制来看，2019中国企业500强中有265家国有企业，235家民营企业，分别占500家企业的53%和47%，民营企业上榜数量较上年减少了2家。（见图7）

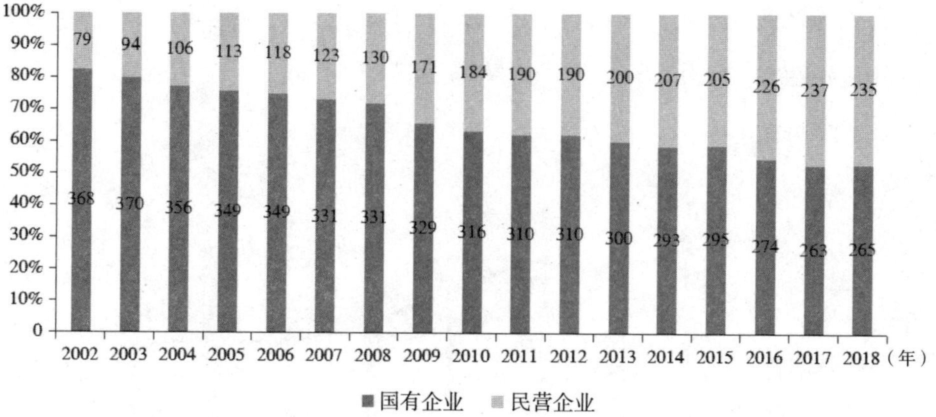

图7　2002—2018年中国企业500强所有制分布

注：2002—2008年度，中国企业500强中还有部分外资企业，这几年民营企业与国有企业数量之和小于500家。

上榜的235家民营企业的营业收入总额达到23.5万亿元，同比增长了15.93%；资产总额达到40.7万亿元，同比增长了17.70%；净利润10980.02亿元，同比增长了19.35%。

尽管民营企业在上榜数量上接近一半，但是与国有企业的差距较大，在营业收入、资产总额、净利润、纳税总额、员工人数等指标上，分别只占500强的29.71%、13.6%、31.09%、21.48%、26.15%。（见表5）

表5　2019中国企业500强及民营企业主要总量指标

所有制	企业数（家）	营业收入（万亿元）	净利润（亿元）	资产总额（万亿元）	纳税总额（万亿元）	员工数（万人）
全国	500	79.10	35320.95	299.15	4.05	3359.11
全国户均		0.16	70.64	0.6	0.01	6.72
国有	265	55.60	24340.93	258.45	3.18	2480.74
国有占比	53	70.29	68.91	86.40	78.52	73.85

续表

所有制	企业数（家）	营业收入（万亿元）	净利润（亿元）	资产总额（万亿元）	纳税总额（万亿元）	员工数（万人）
国有户均		0.21	91.85	0.98	0.01	9.36
民营	235	23.5	10980.02	40.7	0.87	878.37
民营占比	47	29.71	31.09	13.6	21.48	26.15
民营户均		0.1	46.72	0.17	0.0037	3.74

（三）2019年《财富》中国500强中的民营企业

2019年7月10日，财富中文网公布了2019年中国500强排行榜，覆盖范围包括在中国境内外上市的所有中国公司，所依据数据为上市公司在各证券交易所正式披露的信息。

根据中国500强企业年报披露的实质控制人信息，将实质控制人为国家资本的归为国有企业，将实质控制人为自然人、民营资本（包括港澳台资、外资）的归为民营企业。2019年中国500强中，共有国有企业316家，实现营业收入总额337635亿元，占500强的74.2%，实现利润28362亿元，占78.2%；共有民营企业184家，比上年增加5家，实现营业收入总额117399亿元，占500强的25.8%，实现利润7892亿元，占27.8%。相关数据如表6所示。

表6　《财富》中国500强按所有制的有关数据

	民营企业	国有企业	民企/国企
企业数量（家）	184	316	58.2%
营收总额（亿元）	117399	337635	34.8%
利润（亿元）	7892	28362	27.2%
营收第1位（亿元）	9768	23601	41.4%
营收前10位（亿元）	41969	116294	36.1%
利润第1位（亿元）	1074	2977	36.1%
亏损数量（家）	14	16	87.5%
亏损额（亿元）	–1493	–277	539%

从营业收入看，中国500强第1位仍为中国石油化工股份有限公司，实现营业收入289117亿元，民营企业中列第1位的是中国平安保险（集团）股份有限公司，实现营业收入9768亿元；国有企业前10位的营业收入之和为116294亿元，民营企业前10位的营业收入之和为41969亿元，相当于国企的36.1%。

从利润看，财富中文网列出了2019年中国500强最赚钱的40家公司，与去年情况相同，最赚钱的10家上市公司除了几大商业银行和保险公司之外，仍是中国移动有限公司、腾讯控股有限公司和阿里巴巴集团控股有限公司。排名前四位的依然是“工建农中”四大商业银行，相对名次也依然没有改变。最赚钱的10家上市公司在去年的总利润达到1.46万亿元，占全部上榜公司利润总和的40.3%。

500强企业效益分化的情况没有改变。从亏损企业数量和亏损总额看，2019年比2018年有所增加，500强中共有亏损企业30家，亏损总额1771亿元，其中，亏损国有企业16家，亏损总额277亿元；亏损民营企业14家，亏损总额1493亿元。2019年首次上榜的美团点评居亏损榜首位，亏损额接近1155亿元。去年新上榜的爱奇艺，亏损额达到94亿元。

（四）2019年《财富》世界500强中的民营企业情况

2019年7月22日，财富中文网公布了世界500强排行榜，中国上榜公司继去年达到120家后，2019年继续增长至129家，其中中国大陆企业116家，按所有制划分，国有企业90家，民营企业26家，比去年增加4家。表7为上榜的民营企业情况。

榜单中4家民营公司首次上榜，它们是：小米集团、海亮集团、青山控股和华夏保险。

2019年《财富》世界500强上榜26家民营企业营业收入总计13854.883亿美元，较2018年上榜的22家民营企业10583.247亿美元的总营业收入增加3271.636亿美元。

从上榜企业的排名来看，太平洋建设、正威国际排名与上年相比略有下降，山东魏桥下降了88名，其中17家连续上榜企业的排名均上升，其中碧桂园和阿里巴巴的排名分别上升176位和118位。

表7　2019年《财富》世界500强中的中国民营企业

排名	上年排名	公司名称	营业收入（百万美元）	利润（百万美元）
29	29	中国平安保险	163597.40	16237.20
61	72	华为投资控股	109030.40	8953.90
97	96	太平洋建设集团	86622.60	3390.90
119	111	正威国际集团	76363.10	1483
138	230	中国恒大集团	70478.90	5652.60
139	181	京东集团	69847.60	–376.7
177	353	碧桂园控股	57308.70	5233.50
181	235	恒力集团	56198.60	582.9
182	300	阿里巴巴集团	56147.20	13094.40
212	240	联想集团	51037.90	596.3
220	267	浙江吉利控股	49665.40	1969.30
232	251	中国民生银行	47981.30	7608.40
237	331	腾讯控股有限公司	47272.70	11900.60
254	332	万科企业	44912.60	5105.70
273	185	山东魏桥	43008.40	852.6
301	361	雪松控股	40640.80	844.7
312	323	美的集团	39581.60	3058.50
333	427	苏宁易购集团	37032.20	2014.80
340	364	江苏沙钢集团	36440.90	1869.20
361	—	青山控股集团	34242.20	578.6
368	464	阳光龙净集团	33394.80	613.6
439	456	新疆广汇实业投资	28564	137
442	—	华夏保险	28492.80	398.8
468	—	小米集团	26443.50	2049.10
473	—	海亮集团	26251	237.6
498	489	泰康保险集团	24931.70	1794.60

2019年《财富》世界500强中上榜的中国大陆企业中，国有企业90家，实现营业收入总额64191.668亿美元，占全部企业的82.25%；民营企业26家，实现营业收入总额13854.883亿美元，占全部企业的17.75%。从营收看，《财富》世界500强中国企业第1位为中国石油化工，实现营业收入4146.499亿美元，民营企业中列第1位的是中国平安保险（集团）股份有限公司，实现营业收入1635.974亿美元；国有企业前10位的营业收入之和为20999.27亿美元，民营企业前10位的营业收入之和为7966.324亿美元，民营企业前10的营业收入之和为国有企业前10营业收入之和的38%。（见表8）

表8　《财富》世界500强中国大陆企业有关数据

	民营企业	国有企业	民营企业/国营企业
企业数量（家）	26	90	29%
营收总额（亿美元）	13854.883	64191.668	22%
利润（亿美元）	958.81	3102.18	31%
营收第1位（亿美元）	1635.974	4146.499	39%
营收前10位（亿美元）	7966.324	20999.27	38%
利润第1位（亿美元）	162.372	450.023	36%
亏损数量（家）	1	11	0.9%
亏损额（亿美元）	3.77	64.08	5.9%

九、民企上市公司

——增速缓质效降，总体仍优全国

受宏观经济下滑、商誉减值等因素影响，上市公司2019年整体收入和净利润数据增速放缓。2019年上市公司营业收入和净利润三季报情况相比于2018年有所好转：截至2020年1月5日，3759家上市公司已公布2019年三季报，营业收入均值较2018年三季报增长9.53%，相较于2018年三季报8.74%的增速略有增加；2019年三季报净利润均值增速为7.98%，相比于2018年三季报净利润均值的同比增长率7.54%略有增长。

其他指标方面，2019年三季报上市公司的平均总资产、平均资产负债率、平均营业总收入净利率相比于2019年中报均有所好转：2019年三季报全部上市公司平均总资产为730.29亿元，相比于2019年中报情况提升了1.25%；2019年三季报全部上市公司平均资产负债率为43.87%，相比于2018年三季报有所提升，相比于2019年中报亦有所提升；2019年三季报全部上市公司平均总资产净利率ROA为3.24%，相比于2018年三季报水平有所降低；2019年三季报全部上市公司平均营业总收入净利率为-0.27%，相对于2019年中报水平有所提升，但是并不如2018年三季报水平。（见表1）

表1　2019年三季报全部上市公司主要财务指标一览

指标	2018年三季报	2018年年报	2019年中报	2019年三季报
营业收入均值同比增速	8.74%	12.43%	9.22%	9.53%
净利润均值同比增速	7.54%	0.36%	6.94%	7.98%
平均总资产（亿元）	690.36	679.86	721.29	730.29
平均资产负债率	42.71%	43.97%	43.86%	43.87%
平均总资产净利率	3.84%	3.26%	2.19%	3.24%
平均营业总收入净利率	5.39%	-3.04%	-1.63%	-0.27%

资料来源：Wind。

根据国家统计局披露的数据，2019年，规模以上工业企业实现营业收入105.78万亿元，比上年增长3.8%；发生营业成本88.94万亿元，增长4.1%；营业收入利润率为5.86%，比上年降低0.43个百分点；2019年全国规模以上工业企业实现利润总额61995.5亿元，比上年下降3.3%。2019年工业经济运行总体平稳，全国规模以上工业增加值同比增长5.7%。（见图1）

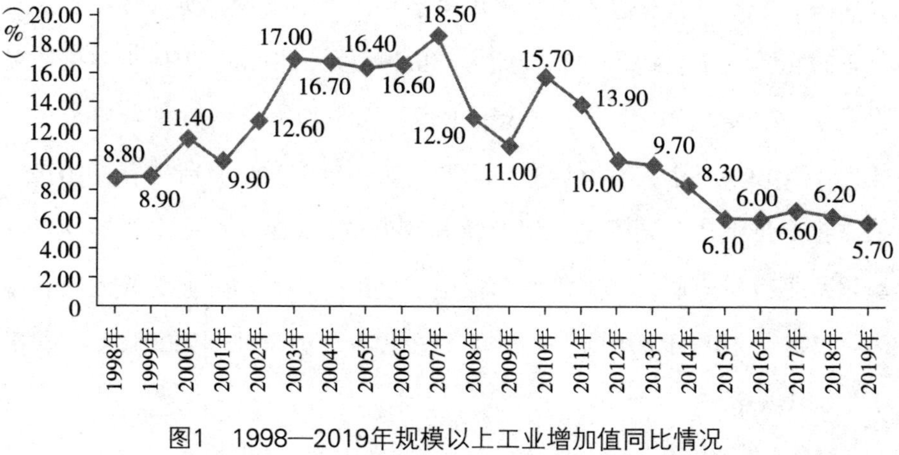

图1　1998—2019年规模以上工业增加值同比情况

资料来源：Wind。

为了进一步分析民营企业经营情况，将上市公司按分属性分类来具体分析，其中民营企业营业收入增速下降幅度大于国有控股企业和公众企业。2019年上半年，民营企业和外资企业增速进一步放缓，但国有企业和公众企业的2019年中报增速相较于2018年中报有所提升，未来还需不断为民营经济营造更好的发展环境。

具体到数据来看，2019年1–11月，国有企业、私营企业和股份制企业的营业收入增速均有增长，外资企业营收同比略有下降；2019年1–11月，除了私营企业外，国有企业、股份制企业和外资企业的利润总额均有所下滑。（见图2）

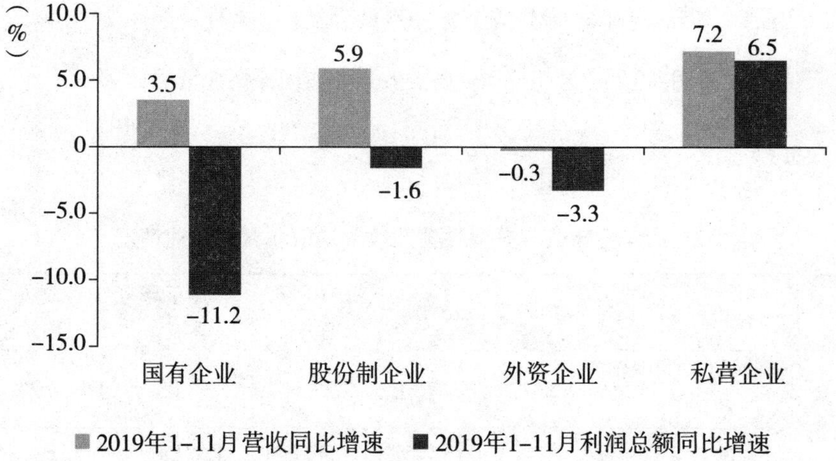

图2　2019年1–11月不同类型企业营业收入和利润总额同比变化情况

资料来源：国家统计局。

从上市公司的营业收入数据来看，除了公众企业外，民营企业、外资企业、国有企业的2019年三季报营业收入均值增速均有所下降，其中民营企业和外资企业的营收均值增速下降尤为明显。（见图3、表2）

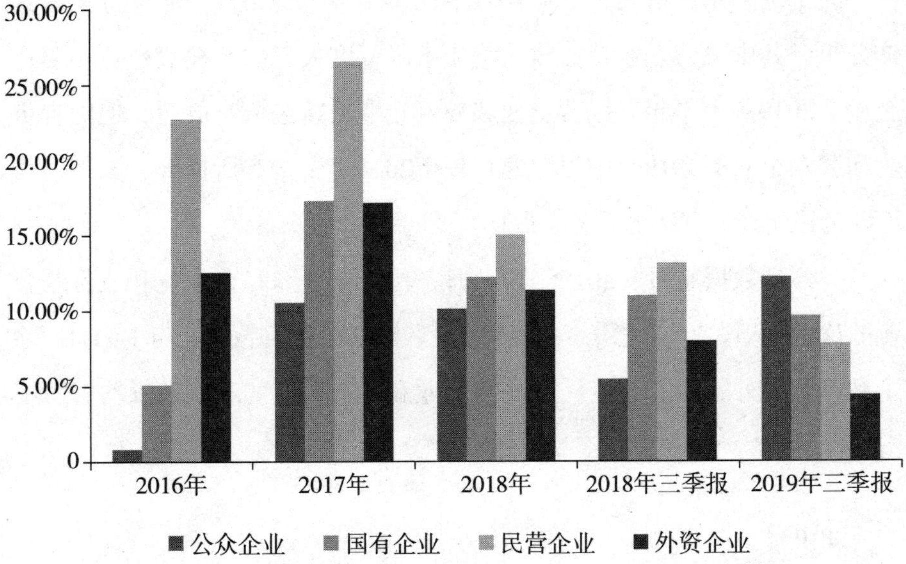

图3 上市公司分属性营业收入均值同比增速情况

资料来源：Wind。

表2 历年上市公司分属性营业收入均值和营收增速情况

		2016年	2017年	2018年	2018年三季报	2019年三季报	上市公司数量及占比
公众企业	营收均值（亿元）	252.59	279.25	307.51	225.49	253.03	216（5.7%）
	增速	0.85%	10.55%	10.12%	5.48%	12.21%	—
国有企业	营收均值（亿元）	197.86	232.10	260.49	186.00	204.00	1098（29.2%）
	增速	5.14%	17.31%	12.23%	11.02%	9.68%	—
民营企业	营收均值（亿元）	28.48	36.04	41.45	29.60	31.93	2255（60.0%）
	增速	22.73%	26.54%	15.01%	13.12%	7.86%	—
外资企业	营收均值（亿元）	28.13	32.96	36.71	26.19	27.35	132（3.5%）
	增速	12.60%	17.19%	11.36%	8.00%	4.41%	—

资料来源：Wind。

从上市公司的净利润数据来看，2019年三季报，民营企业、外资企业和国有企业净利润均值的同比增速均出现大幅下滑，且民营企业和外资企业呈现负增长，民营企业由2018年三季报的8.95%的增速降为-1.85%，外资企业的增速由12.71%降到-22.67%。（见图4、表3）

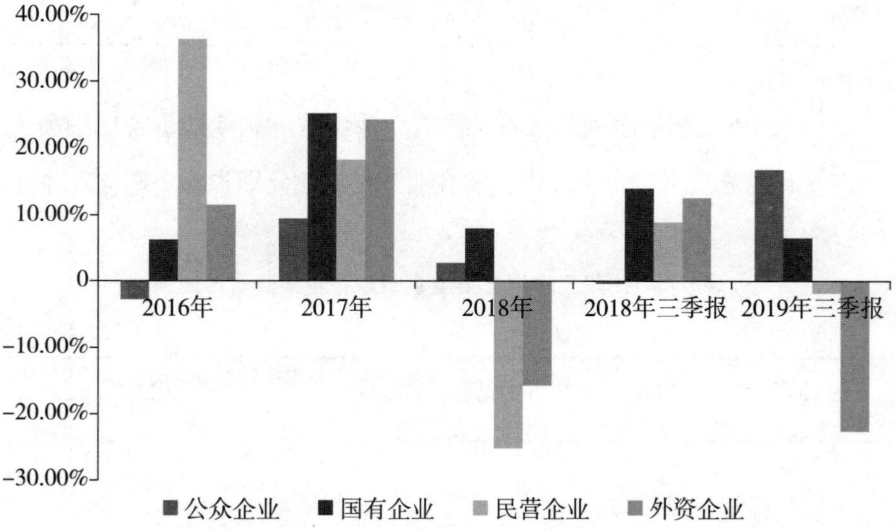

图4　上市公司分属性净利润均值同比增速情况

资料来源：Wind。

表3　历年上市公司分属性平均净利润及净利润同比增速情况

		2016年	2017年	2018年	2018年三季报	2019年三季报	上市公司数量及占比
公众企业	净利润均值（万元）	522015.04	571793.20	586679.47	475039.56	555041.25	216（5.7%）
	增速	-2.78%	9.54%	2.60%	-0.26%	16.84%	—
国有企业	净利润均值（万元）	136660.96	171097.73	184805.68	150891.03	160575.49	1098（29.2%）
	增速	6.08%	25.20%	8.01%	14.03%	6.42%	—
民营企业	净利润均值（万元）	23386.33	27685.32	20710.23	23528.45	23092.47	2255（60.0%）

续表

		2016年	2017年	2018年	2018年三季报	2019年三季报	上市公司数量及占比
民营企业	增速	36.23%	18.38%	-25.19%	8.95%	-1.85%	—
外资企业	净利润均值（万元）	31049.54	38594.28	32552.31	32309.15	24985.05	132（3.5%）
	增速	11.60%	24.30%	-15.66%	12.71%	-22.67%	—

资料来源：Wind。

从2019年三季报净利润来看，国有企业中盈利企业数量占比最高为89.2%，民营企业和外资企业中盈利企业数量占比分别为88.2%、87.1%。（见表4）

表4　2019年三季报各类型企业盈利企业数量占比

单位：%

企业类型	2019年三季报盈利企业数量占比
公众企业	82.4
国有企业	89.2
民营企业	88.2
外资企业	87.1

资料来源：Wind。

2019年三季报，无论是公众企业、民营企业还是外资企业，其总资产均值的增速均有所下滑，三者的2019年三季报总资产增速分别为3.45%、5.85%和-0.78%。国有企业总资产增速未放缓，2019年三季报国有企业的总资产同比增长了9.03%。（见表5、图5）

表5　上市公司分属性总资产平均值情况及同比增长情况

		2016年	2017年	2018年	2018年三季报	2019年三季报	上市公司数量及占比
公众企业	总资产（亿元）	4913.61	5315.78	5683.40	5922.55	6126.87	216（5.7%）
	同比增速	10.27%	8.18%	6.92%	—	3.45%	—
民营企业	总资产（亿元）	52.54	64.40	73.52	75.63	80.06	2255（60.0%）

续表

		2016年	2017年	2018年	2018年三季报	2019年三季报	上市公司数量及占比
民营企业	同比增速	29.71%	22.57%	14.16%	—	5.85%	—
国有企业	总资产（亿元）	892.50	959.41	1033.89	1019.74	1111.82	1098（29.2%）
	同比增速	12.19%	7.50%	7.76%	—	9.03%	—
外资企业	总资产（亿元）	52.70	62.16	67.27	71.46	70.91	132（3.5%）
	同比增速	15.28%	17.95%	8.21%	—	-0.78%	—

资料来源：Wind。

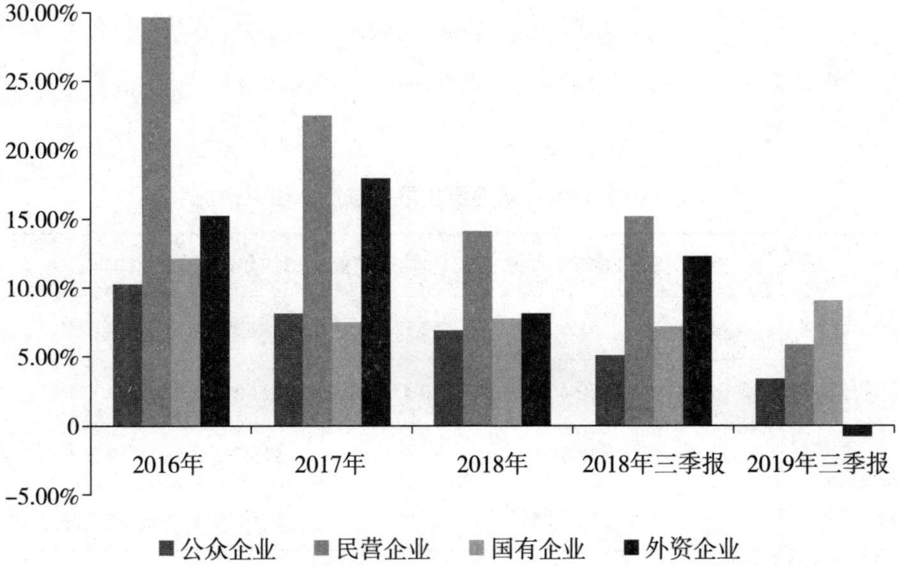

图5　上市公司分属性总资产平均值同比增速情况

资料来源：Wind。

根据2019年三季报来看，各类型企业资产负债率与2018年年报几乎持平。其中，公众企业和国有企业资产负债率略有下降，民营企业和外资企业的资产负债率略有升高。（见图6、表6）

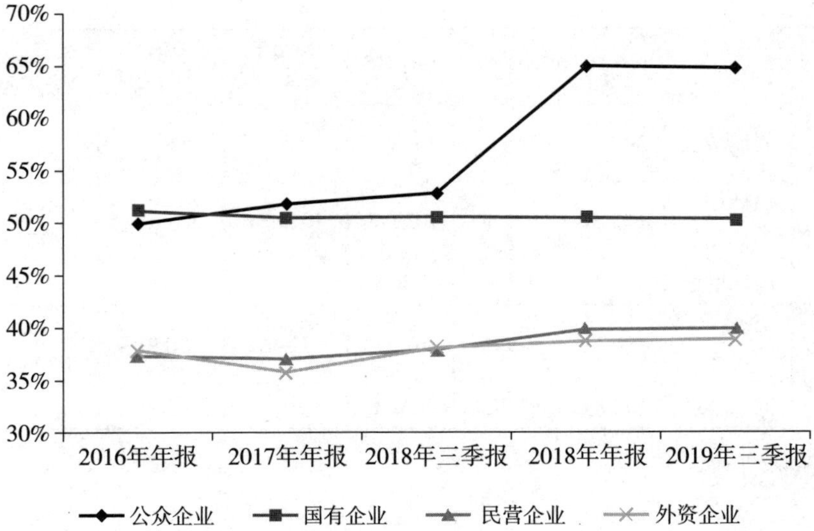

图6　上市公司分属性历年平均资产负债率情况

资料来源：Wind。

表6　上市公司分属性历年平均资产负债率情况

	2016年年报	2017年年报	2018年三季报	2018年年报	2019年三季报
公众企业	49.82%	51.69%	52.75%	64.89%	64.62%
国有企业	51.09%	50.45%	50.43%	50.46%	50.15%
民营企业	37.41%	36.99%	37.93%	39.77%	39.78%
外资企业	37.72%	35.73%	37.98%	38.60%	38.77%

资料来源：Wind。

从上市公司平均收入利润率数值来看，2019年三季报较2018年三季报均出现下滑，反映了企业获利能力降低。其中公众企业和国有企业相较于2018年三季度的增速放缓，民营企业和外资企业却由2018年三季度的正值转为负值，民营企业的获利能力从2018年第四季度到2019年三季度均为负值。（见表7）

表7　上市公司分属性平均收入利润率情况

	2016年	2017年	2018年三季报	2018年年报	2019年三季报
公众企业	11.93%	–5.83%	8.54%	–14.34%	7.33%
国有企业	7.07%	9.17%	8.93%	7.14%	7.56%
民营企业	10.48%	8.68%	2.74%	–6.72%	–3.60%
外资企业	11.42%	10.68%	13.36%	9.96%	–14.29%

资料来源：Wind。

从总资产净利率数值来看，2019年三季报较2018年三季报均出现下滑，反映企业投入产出水平在降低，这与国内宏观经济环境相一致。（见表8）

表8　上市公司分属性历年总资产净利率情况

	2016年	2017年	2018年	2018年三季报	2019年三季报
公众企业	3.86%	2.59%	–1.48%	3.08%	1.45%
国有企业	3.01%	3.46%	3.05%	2.67%	2.31%
民营企业	7.31%	6.41%	3.41%	5.02%	3.58%
外资企业	7.70%	7.31%	5.52%	6.64%	3.81%

资料来源：Wind。

十、领先发展民企

——创富速度减缓，数量全球第一

2019年依旧是中国新兴经济蓬勃发展的年份，中国科技创新企业在优势行业中的地位得以巩固和加强，尤其在当前中美科技战的背景下，创新型企业能否发展壮大关乎国家未来的命运。根据Crunchbase数据，2018年前10个月中国风险投资额以创纪录的938亿美元领跑全球，在资本的推动下，中国独角兽企业呈现出集群式发展的强劲态势。越来越多的创新型领先企业将强力引领中国走向高质量发展，用富有活力的市场来完成对经济结构的调整，带动整体产业转型升级。胡润研究院的统计显示，截至2019年，中国在电子商务、物流、媒体和娱乐、软件以及新能源汽车这几个行业诞生了世界最多的独角兽企业，遥遥领先于其他国家；而美国在云计算、生命科学这两个领域遥遥领先；在金融科技、人工智能、健康科技、共享经济以及大数据这几个领域，中美两国产生的独角兽企业数量相当。

虽然2019年中国涌现的新独角兽的数量较去年有所减少，由2018年的58家减少到22家，但2019年中国独角兽企业数量首次超过美国，意味着中国已然成为世界上最重要的新兴经济大国。截至2019年12月25日，2019年全球诞生了142家新的独角兽企业。胡润研究院在2019年10月21日首次发布《2019胡润全球独角兽榜》，榜单显示全球独角兽公司仅分布在全球24个国家的118个城市，平均成立于7年前，平均估值239亿元，总估值11.8万亿元。中国超过美国，以206比203领先，中美两国拥有世界

80%以上独角兽公司。

2019年7月开始启动的中国股市“科创板”帮助造就了一批独角兽企业，例如平板检测设备企业华兴源创（市值180亿元）、锂电池设备制造商杭可科技（市值160亿元）等，像这样由科创板中诞生的超10亿美元的独角兽企业，2019年共有17家。

从独角兽分布的领域上看，电子商务和金融科技占全球独角兽企业的31%，其次是云计算和人工智能。全球独角兽企业分布在25个行业，其中前五大行业（电子商务、金融科技、云计算、人工智能、物流）占了近一半。值得关注的是，2019年我国医疗健康产业共有15家企业在2019年胡润全球独角兽榜单中表现不俗。据亿欧网统计，上榜的15家医药企业平均成立于7.6年前，而估值总和达2330亿元，覆盖互联网医疗、医疗器械、生物医药、基因科学等多个潜力领域。其中，复宏汉霖（生物医药）、药明明码（基因科学）、诺禾致源（基因科学）、神州细胞工程（生物医药）分别以超70亿元市值占据一席之位。

1. 微众银行

深圳前海微众银行于2014年12月获得由深圳银监局颁发的金融许可证，成为第一家上线的互联网银行。2015年1月4日，李克强在深圳前海微众银行敲下电脑回车键，卡车司机徐军就拿到了3.5万元贷款。这是微众银行作为国内首家开业的互联网民营银行完成的第一笔放贷业务。该银行既无营业网点，也无营业柜台，更无须财产担保，而是通过人脸识别技术和大数据信用评级发放贷款。微众银行由腾讯、百业源和立业等多家知名企业发起设立，注册资本30亿元人民币，由腾讯、百业源、立业为主发起人，腾讯认购该行总股本30%的股份，为最大股东。微众银行致力于为普罗大众、微小企业提供差异化、有特色、优质便捷的金融服务，还开展有消费金融业务“微粒贷”、理财平台业务“大众理财”等。2019年11月5日，微众银行获穆迪“A3”及标普“BBB+”评级，成为首家获得国际评级的数字银行和民营银行。

2. 比特大陆

比特大陆由詹克团和吴忌寒于2013年10月共同创立。目前与嘉楠耘智、亿邦国际并称为“国内三大矿商”，也是全球第一大加密货币矿机生产商，把控着全球比特币50%左右的算力。在区块链市场，比特大陆累计出货芯片达数十亿颗，约占全球75%的市场份额。2017年比特币价格迅速攀升，矿机销售紧俏，比特大陆爆发式增长，售出矿机162万台，销售收入22.63亿美元，同比增长952.56%，占总营收89.87%。2017年比特大陆进军人工智能领域，并推出了“算丰”系列云端AI芯片。2018年上半年，比特大陆总营收超过28亿美元，净利润达到7.427亿美元，同年获融资共计13亿美元，估值150亿美元，并在港交所提交招股文件，预计市值300亿美元，但上市未能成功。比特大陆产品包括算力芯片、算力服务器及算力云，主要应用于区块链和人工智能领域。

3. 华兴源创

成立于2005年，是一家工业自动测试设备与整线系统解决方案的提供商。主要测试产品用于LCD、柔性OLED、半导体、新能源汽车电子等行业的生产厂家，以及为行业提供定制化的数据融合软件平台。7月22日，华兴源创正式登陆资本市场。在科创板首批上市25家公司中，华兴源创率先走完受理、审核、审议、注册流程，首家启动IPO，也因此被称为“科创板第一股”。成立14年来，华兴源创突破了国外的长期垄断，改变了我国在LCD与柔性OLED触控检测领域主要依赖进口的局面，并与苹果、三星、夏普、东芝、京东方等国内外知名企业建立起长期、稳定的合作关系。2019年12月6日，华兴源创发布公告称拟通过发行股份及支付现金的方式购买苏州欧立通自动化科技有限公司100%的股权，拟定交易金额为11.5亿元。

4. 字节跳动

字节跳动成立于2012年3月，是最早将人工智能应用于移动互联网场景的科技企业之一，产品和服务涵盖75个语种、覆盖全球150个国家和地区，在40多个国家和地区排在应用商店总榜前列，是估值750亿美元的超级独角兽企业。字节跳动独立研发的“今日头条”客户端，通过海量信息采集、深度数据挖掘和用户行为分析，为用户智能推荐个性化信息，从而开创了一种全新的新闻阅读模式。“今日头条”作为这家公司的主力产品被市场所知，公司主要营收也来自“今日头条”，随着西瓜视频、抖音短视频、火山小视频、悟空问答等产品的崛起，这个公司已经拥有图文、短视频、问答等多元化产品。截至目前，字节跳动的产品，包括综合资讯类的今日头条、TopBuzz、News Republic，视频类的抖音、TikTok、西瓜视频、BuzzVideo、火山小视频、Vigo Video，以及 AI 教育产品、企业 SaaS 等新业务。字节跳动于2019年10月正式进入互联网金融服务领域。

5. 猿辅导

猿辅导成立于2012年，旗下有猿辅导、小猿搜题、猿题库和小猿口算等多款在线学习产品。猿辅导曾先后获得IDG资本、经纬中国、新天域资本、华人文化产业投资基金、华平投资集团以及腾讯公司的投资。猿辅导是 K-12 在线教育首个“独角兽”公司，为超过2.5亿的中国中小学生和家长提供多元化的智能教育服务。2018年12月，猿辅导宣布完成最新一轮3亿美元融资，由腾讯公司领投，华平投资集团、经纬中国和IDG原有股东跟投，融资完成后猿辅导公司的估值超过30亿美元。

6. 药明康德

药明康德成立于2000年12月，是一家市值超千亿元的超级独角兽制药外包服务企业，主要为全球制药公司提供小分子化学药制药研发服务（CRO）和制药服务（CMO），业务覆盖了从新药研发外包到商业化生产外包的各个阶段，是中国规模最大、全球排名前列的小分子医药研发服务企业，号称医药界的“华为”，其业务贯穿整个新药研发生产过程（药物发现、临床前开发、临床试验及小分子化学药生产）；服务范围涵盖化学药研发和生产、细胞及基因疗法研发生产、医疗器械测试等领域，承载了全球30多个国家的3700多家合作伙伴的研发创新项目。该公司于2007年在美国纳斯达克上市，2015年退市。退市后，大分子生物药业务从母公司剥离至药明生物，分拆成两个上市公司。药明生物2017年在港股上市，药明康德2018年在A股上市。

7. 复宏汉霖

2010年成立于上海，是一家中国领先的生物制药公司，旨在为全球患者提供质高价优的创新生物药，产品覆盖肿瘤、自身免疫性疾病等领域。自2010年成立以来，公司以全球联动、整合创新为产品开发理念，在中国上海、中国台北和美国加州均设有研发中心，具备了协同增效的突出优势。复宏汉霖主要的产品开发策略是仿创结合，从生物类似药起步，逐步开发创新型单抗产品，结合自主开发的抗PD-1和PD-L1单抗，在国内率先推出免疫联合疗法，前瞻性布局了一个多元化、创新单抗及肿瘤免疫联合疗法管线，打造出研究、开发、商业化生产的综合性生物医药全产业链平台。2019年9月25日，复宏汉霖在香港联交所主板挂牌上市，市值约70亿元。

十一、民企收购兼并

——热度持续走低，整体明显回落

2019年，在金融去杠杆、企业融资难、中美贸易摩擦等大环境下，并购市场交易热度持续走低，不论从金额还是案例数量来看，中资国内并购和境外并购整体都有明显回落。清科数据显示，2019年1—11月，中国并购市场发生交易1456起，同比下降32.1%；共涉及交易金额7748.46亿元，同比下降7.1%。

（一）国内并购——市场日趋谨慎，规模持续下降

从2019年前11个月数据来看，整体国内并购案例数和金额比2018年同时期都有大幅回落。

1. 2019年1—11月国内并购市场总体情况

据清科研究院数据显示，2019年1—11月，国内并购共发生1337起，占全部交易的91.8%,同比下降31.5%；披露金额的交易规模6439.89亿元人民币，占全部披露金额的83.1%，同比下降29.6%；平均交易金额5.98亿元。

从行业分布来看，2019年1—11月国内并购交易以同业整合为主，生物医药持续为最热门并购行业，同时，大额交易也频繁出现在传统能源矿产和清洁能源领域。2019年前三季度中国并购市场案例数（按被并购方）行业分布前三的分别为生物技术、医疗健康，机械制造和IT，分别为125起、103起和103起，并购规模方面，排名（按被并购方）前三的行

业分别为能源及矿产、互联网和清洁技术，涉及金额分别为814.37亿元、611.46亿元和598.25亿元。大额交易包括中信集团特钢办款通过重大资产重组整体上市（231.79亿元），紫金矿业收购Nevsun Resource Ltd.（97.07亿元），从事太阳能研发的爱旭科技借壳ST新梅（58.85亿元）。2019年10月，案例数量排名第一的行业为能源及矿产，排名第二的行业为化工原料及加工，半导体及电子设备行业与机械制造行业并列第三位，合计占到案例数量的41.7%。从并购规模来看，排名前三的行业分别为半导体及电子设备、化工原料及加工和汽车行业，涉及的并购交易总额合计占比达到67.6%。2019年11月，案例数量排名前三的行业分别为金融、机械制造和半导体及电子设备行业机械制造，合计占到案例数量的37%。从并购规模来看，排名前三的行业分别为半导体及电子设备、化工原料及加工和汽车行业，涉及的并购交易总额合计占比达到57.1%。

从地区分布及2019年前三季度数据来看，东部地区被并购交易数量和金额持续领先其他地区，中西部并购活跃地区主要包括四川、安徽、湖北及湖南等省份。根据清科研究院数据显示，2018年前三季度，江苏和北京领先于其他省份，在并购案例数量及交易额方面分别居第一位。并购案例数方面，前三名为江苏省、北京市和浙江省，并购案例数量分别为134起，123起和120起。交易金额方面，前三名为北京市、江苏省和上海市，交易金额分别为1222.55亿元人民币、919.66亿元人民和678.58亿元人民币。

2019年1—11月交易金额超过100亿元人民币大额并购交易共13起，其中最大一起并购是罗特克斯以390.91亿元收购河南双汇投资，为2019年前11个月唯一超过300亿元的交易。此外，超过100亿元人民币的大额并购交易还有浙江世纪华通集团股份有限公司收购盛跃网络科技（上海）有限公司100%股权，交易金额298.03亿元；中原特钢股份有限公司受让中粮资本投资有限公司100%股权，中粮资本借壳上市，交易金额211.86

亿元；闻泰科技股份有限公司受让Nexperia Holding B.V.（安世集团）100%股权，交易金额199.25亿元人民币；亚夏汽车185亿元收购中公教育100%股权，中公教育借壳上市；盈峰环境152.5亿元收购苏宁金服100%股权；天津津智国有资本投资运营有限公司以113.74亿元受让天津中环电子信息集团有限公司51%股权；等等。（数据来源于私募通）

2. 上市公司并购重组情况

从上市公司并购重组披露来看，2019年监管层支持优质上市公司借助并购重组做优做强，市场层面并购重组也趋于活跃，同时，纾解股票质押压力而转让控制权的交易也时有发生。据东方财富choice数据显示，2019年以来截至2019年12月8日，A股上市公司完成并购重组8600单，交易总金额达到1.9万亿元。其中，并购重组的目的以横向整合、行业整合、多元化战略的占比不断上升，并已成为市场主流。

据Choice数据统计，2019年1—11月，共有120家A股上市公司完成并购重组的定向增发项目，合计140个并购重组定向增发事件，并购重组定向增发总额达到4705.09亿元，超过2018年全年完成并购定增总金额。A股上市公司完成并购定增事件数量较2018年同期减少7个，但总金额增加1416.36亿元，同比增长43.07%。其中，民营企业上市公司有77家，占并购定增上市公司的64.17%，合计募资金额1813.66亿元，同比增长14.36%，而平均募资金额23.55亿元。2018年1—11月则有88家民营企业上市公司完成并购定增，占当期并购定增上市公司的70.97%，合计募资金额1585.99亿元，平均募资金额18.02亿元。中小板并购定增民营企业的数量有35家，上海主板13家，深圳主板10家，创业板30家。

行业方面，2019年1—11月，完成并购定增的民营企业主要集中在制造业，有47家，占完成并购定增项目上市公司数量的53.41%。其次是信息传输、软件和信息技术服务业，有7家，占比7.95%。排第三的是科学研究和技术服务业，有4家，占比4.55%。

3. 政策方面

2019年，证监会明确表示将创造条件支持各类企业通过并购重组优化资源配置，试点可转债用于并购的政策从试点推出到落地实施快速推进，高新技术产业的并购将继续成为监管层政策鼓励的对象。

10月18日，证监会正式发布《关于修改〈上市公司重大资产重组管理办法〉的决定》，主要修改内容包括：一是简化重组上市认定标准，取消“净利润”指标。二是将“累计首次原则”计算期间进一步缩短至36个月。三是允许符合国家战略的高新技术产业和战略性新兴产业相关资产在创业板重组上市，其他资产不得在创业板实施重组上市交易。四是恢复重组上市配套融资。五是丰富重大资产重组业绩补偿协议和承诺监管措施，加大问责力度。此外，明确科创板公司并购重组监管规则衔接安排，简化指定媒体披露要求。

11月8日，国务院国有资产监督管理委员会制定了《中央企业混合所有制改革操作指引》，该政策通过国有及国有控股企业引入其他各类资本，优化股权结构，从而促进企业治理结构的完善，让企业成为市场的主体，在市场竞争中不断释放活力，增强核心竞争力，该项政策的发布，有助于并购市场更加活跃。

（二）海外并购——风险因素增多，金额明显减少

近年来，全球贸易环境紧张、英国脱欧、地缘政治动荡、多国政权更替、单边主义等逆全球化事件频现，西方已有多个国家采取了针对中国的技术保护主义歧视性政策，欧洲、美国等对中国企业收购本国高科技企业表现得十分警惕。受多种因素影响，2019年中国企业海外并购市场持续放缓，各类别投资者在海外的投资金额明显减少，国有企业在海外投资数量达到了近10年来的最低值。

据商务部、外汇局统计，2019年，我国对外全行业直接投资8079.5

亿元人民币，同比下降6%（折合1171.2亿美元，同比下降9.8%）。其中，我国境内投资者共对全球167个国家和地区的6535家境外企业进行了非金融类直接投资，累计投资7629.7亿元人民币，同比下降4.3%（折合1106亿美元，同比下降8.2%）。从投资领域看，对外投资主要流向租赁和商务服务业、制造业、批发和零售业等领域。其中，"一带一路"沿线方面，我国企业对56个国家非金融类直接投资150.4亿美元，同比下降3.8%，占同期总额的13.6%，主要投向新加坡、越南、老挝、印尼、巴基斯坦、泰国、马来西亚、阿联酋、柬埔寨和哈萨克斯坦等国家。

1. 2019年前三季度中国企业海外并购总体情况

2019年11月5日，安永（EY）发布《2019年前三季度中国海外投资概览》，数据显示，2019年前三季度，中企宣布海外并购总额428亿美元，比去年同期下降44.6%；宣布的并购数量424宗，同比减少31.2%。第三季度单季宣布中企海外并购总额198亿美元，同比降幅收窄，环比上涨152.2%。（见图1）

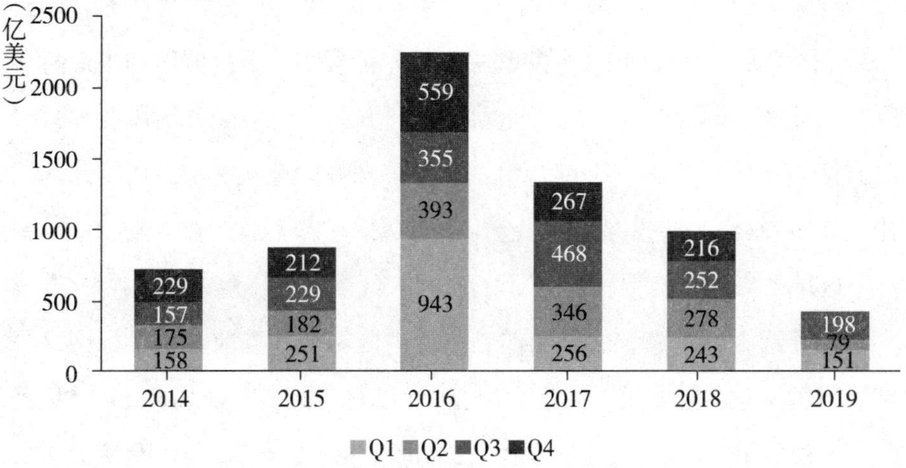

图1　2014—2019年前三季度中企海外并购情况

数据来源：安永《2019年前三季度中国海外投资概览》，数据包括已宣布交易尚未完成交割的案例。

从行业看，2019年前三季度，中企海外并购主要流向高附加值和高技术含量的行业，中企海外并购持续布局高端产业链， 如消费品、TMT、金融服务业及先进制造和运输等。按交易金额计，前三大行业为消费品（94.5亿美元）、TMT行业（85.1亿美元）及金融服务（62.2亿美元）占本期总额的56.5%；同时仅金融服务业及电力和公用事业同比录得增长，其他行业均有下降。按交易数量计，前三大行业为TMT（99宗）、先进制造和运输（70宗）及消费品行业（57宗），占同期总量的53.3%。

从地区看，最受中企欢迎的海外并购目的地仍然为亚洲，2019年前三季度中企在亚洲并购金额146.5亿美元，同比增长33.1%，占比超过三成，并购主要投入TMT、金融服务和房地产、酒店与建造等行业。欧洲方面，受地缘政治风险和多国外商投资审查政策影响，中企在欧洲的投资趋于谨慎，投资额大幅度减少，2019年前三季度中企在欧洲并购金额129.3亿美元，同比下降七成，投资主要流向包括消费品、TMT、先进制造和运输等行业。大洋洲方面，2019年前三季度，中企对大洋洲并购金额57.2亿美元，增长18.1%，并购主要投入消费品、医疗健康和生命科学以及房地产、酒店与建造等行业。北美洲方面，受地缘政治风险和政策阻力影响，2019年前三季度，中企对北美洲并购金额为41.3亿美元，同比下降67.0%，主要投向TMT、金融服务、采矿和金属行业。赴“一带一路”区域的海外并购交易量持续增长。

按并购金额计算，2019年前三季度中国海外并购前十大目标国家分别为英国（96.5亿美元）、澳大利亚（43.5亿美元）、新加坡（43.5亿美元）、秘鲁（38.2亿美元）、美国（33.6亿美元）、印度（31.9亿美元）、泰国（31.4亿美元）、日本（19.5亿美元）、韩国（14.5亿美元）、瑞典（11.1亿美元）。

2019年1–11月，跨境并购交易规模较大的案例有安踏体育用品有限公司等出资53.87亿美元收购Amer Sports所有已发行及发行在外的股份的公开要约；北京汽车集团有限公司出资34亿美元收购戴姆勒股份公司，北汽集团成为戴姆勒的第三大股东；紫光集团以25.72亿美元收购法国Linxens公司；沙钢集团以20.9亿美元收购英国Global Switch 24.01%股权；欢聚时代以14.5亿美元对新加坡视频社交平台BIGO进行全资收购；等等。

2. 2019年上半年海外并购投资者性质情况

2019年8月，普华永道发布《2019年上半年中国企业并购市场中期回顾与前瞻》，数据显示，2019年中国大陆上半年海外并购总数量426起，交易总额268亿美元，交易数量比2018年下半年上涨了37%，交易总额下降了48%。其中，民营企业并购总数量260起，交易金额150亿美元，比2018年下半年上涨67%，交易额下降了52%；国企并购总数量32起，交易金额23亿美元，交易数量比2018年下半年下降了24%，交易额下降了69%；财务投资者并购数量134起，交易总额95亿美元，交易数量比2018年下半年上涨了18%，交易额下降了26%。

表1 2016—2019年上半年中国大陆海外并购交易数量及金额

单位：十亿美元

投资者性质	2016年		2017年				2018年				2019年上半年			
	数量(起)	金额	数量(起)	同比	金额	同比	数量(起)	同比	金额	同比	数量(起)	同比	金额	比2018年下半年
总量	923	220.9	806	-12%	121.4	-42%	627	-22%	94.1	-23%	426	37%	26.8	-48%
国有企业	116	66.5	101	-13%	27.9	-57%	64	-37%	21.1	-25%	32	-24%	2.3	-69%
民营企业	612	116.3	467	-23%	59.4	-44%	310	-34%	51.1	-15%	260	67%	15.0	-52%
财务投资者	195	38.1	238	22%	34.1	-9%	253	6%	21.9	-36%	134	18%	9.5	-26%

数据来源：普华永道

十二、民企富豪榜单

——财富缩水较多，富豪人数下降

2019年，受到中美贸易摩擦、人民币汇率波动、产业升级、经济结构调整等因素的影响，我国经济经历阵痛，企业总体财富有一定程度的缩水。这一现状反映在各大财富榜单当中表现为亿万富豪人数较往年有所减少，财富总额和人均财富也有所下降，但可喜可贺的是，依然有较多的新锐企业家首次进入榜单，其中不乏创新型企业，民营企业经营状况有喜有忧，整体向着高质量发展的目标前进。

（一）中国富豪榜

1. 2019年新财富500富人榜

2019年5月14日，《新财富》杂志公布《2019年新财富500富人榜》，榜单显示，2019年上榜门槛由去年的64亿元下降至45亿元，较去年下降了（同比，下同）30%，上榜企业家的财富总和为81031亿元，较去年下降了15.3%；人均财富162亿元，较去年同期下降15%。而另一方面，虽然总体财富缩水，但对于前100名的富豪影响不大，尤其是三位2000亿级别的富豪（马化腾、马云、许家印）身家成功保持。去年进入前100名的富豪2019年都成功留在榜单上，排名101～300的富人中有8.5%的人跌出榜单，排名301～500的富人有29%的人跌出榜单；呈现出排名越靠后，财富更迭速度越快的趋势。（见图1、表1）

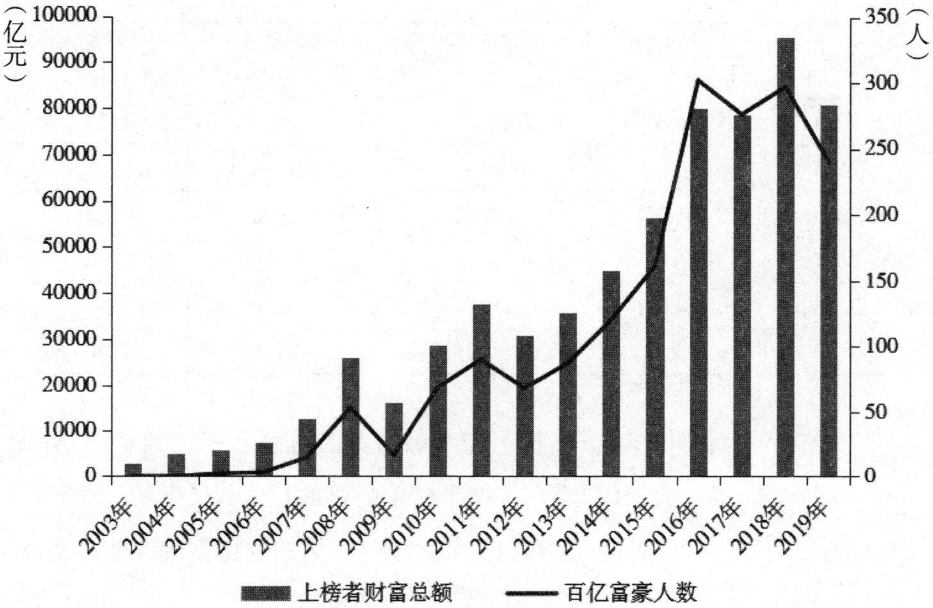

图1　2003—2019年《新财富500富人榜》上榜富人情况

数据来源：《新财富》杂志（本节同）。

表1　2003—2019年《新财富500富人榜》上榜富人情况

年份	上榜门槛（亿元）	上榜者财富总额（亿元）	人均财富（亿元）	百亿富豪人数（人）
2003	2.0	3031	6.1	0
2004	2.4	5002	10.0	0
2005	3.5	5950	11.9	2
2006	4.5	7465	14.9	3
2007	8.0	12800	25.6	15
2008	13.5	26027	52.1	53
2009	13.4	16286	32.6	17
2010	19.2	28757	57.5	68
2011	28.7	37657	75.3	90
2012	21.8	30921	61.8	68
2013	30.0	35787	71.6	87

续表

年份	上榜门槛（亿元）	上榜者财富总额（亿元）	人均财富（亿元）	百亿富豪人数（人）
2014	38.0	44987	90.0	120
2015	40.0	56557	113.1	161
2016	65.0	80192	160.4	302
2017	66.1	78900	157.8	276
2018	64.0	95677	191.4	297
2019	45.0	81031	162.0	240

2019年《新财富500富人榜》前十名富人的身家之和达到了13782.3亿元，较2018年缩水了19.8%，占整个榜单财富的17%。马化腾、马云、许家印分别以2260.4亿元、2206.1亿元、2079.1亿元的财富排在前三位。（见表2）

表2　2019年《新财富500富人榜》前十名富人情况

排名	财富（亿元）	姓名	主要公司	主要行业
1	2260.4	马化腾	腾讯控股	互联网综合服务
2	2206.1	马云	阿里巴巴	互联网综合服务
3	2079.1	许家印	恒大集团	地产、文旅、健康、高科技
4	1499.1	王健林/王思聪	万达集团	地产、文化、百货
5	1238.1	杨惠妍	碧桂园控股	房地产、教育
6	1092.1	何享健家族	美的集团	家电
7	939.8	丁磊	网易	互联网综合服务
8	884.0	王卫	顺丰控股	物流
9	813.6	雷军/张彤	小米集团	互联网及智能产品
10	770.0	张一鸣	今日头条	推荐引擎产品、短视频

2. 2019胡润百富榜

2019年10月10日，胡润研究院发布《2019胡润百富榜》，上榜门槛依然为20亿元人民币，共1819位企业家上榜，比去年减少3.9%（74位），连续两年人数下降。上榜企业家平均财富98亿元，比去年上涨10%，共有19人财富上千亿元，比去年骤增7人，为历年最多；前50门槛比去年提高100亿元至520亿元，均为历年最高。十亿美金富豪人数从去年的620位增加到658位。马云、马化腾、许家印位列百富榜前三位。（见表3、图2、表4）

表3　1999—2019年《胡润百富榜》数据

单位：人、亿元

年份	上榜人数	十亿美金人数	百亿人民币人数	20亿人民币人数	榜单门槛	首富财富	平均财富
1999	50	0	0	8	0.5	80	
2000	50	1	1	11	3.5	150	
2001	100	0	0	19	5	83	15
2002	100	0	0	15	7	70	15
2003	100	0	0	24	9	76	19
2004	100	3	1	47	12.5	105	25
2005	400	7	5	81	5	140	35
2006	500	18	10	178	8	270	22
2007	800	106	65	447	8	1300	42
2008	1000	101	50	444	7	430	30
2009	1000	129	75	576	10	350	39
2010	1363	189	95	772	10	800	39
2011	1000	254	129	1000	20	700	59
2012	1000	251	120	972	18	800	54
2013	1000	315	148	1000	20	1350	64
2014	1271	354	176	1271	20	1500	64
2015	1877	596	333	1877	20	2200	73
2016	2056	594	342	2056	20	2150	72
2017	2130	664	400	2130	20	2900	81
2018	1893	620	393	1893	20	2700	89
2019	1819	658		1819	20	2750	98

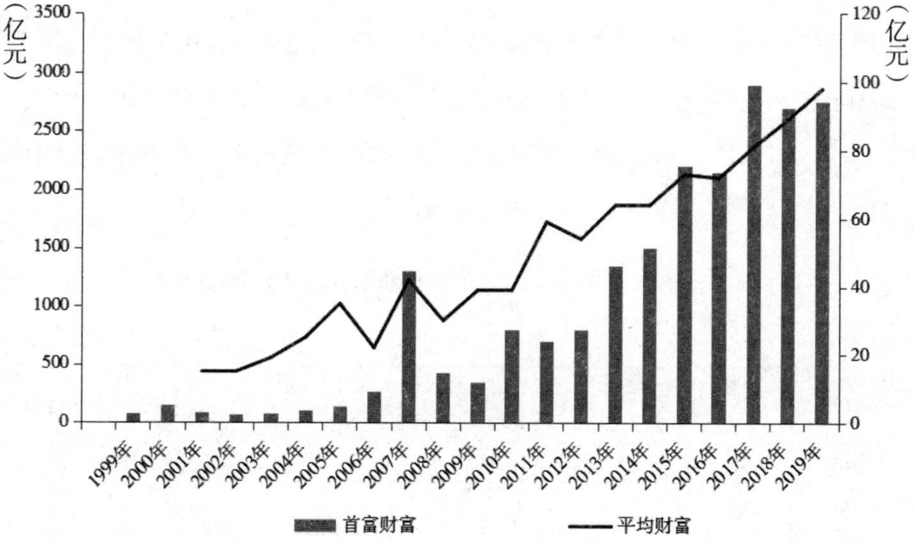

图2　1999—2019年《胡润百富榜》入榜财富情况

表4　《2019胡润百富榜》前十名情况

单位：亿元

排名	姓名	财富	涨幅	年龄	公司
1	马云家族	2750	2%	55	阿里系
2	马化腾	2600	4%	48	腾讯
3	许家印	2100	–13%	61	恒大
4	何享健、何剑锋父子	1800	20%	77、52	美的
5	孙飘扬、钟慧娟夫妇	1750	25%	61、58	恒瑞制药、翰森制药
6	杨惠妍家族	1750	35%	38	碧桂园
7	黄峥	1350	13%	39	拼多多
8	丁磊	1250	4%	48	网易
9	王健林家族	1200	4%	65	万达

续表

排名	姓名	财富	涨幅	年龄	公司
9	严昊	1200	9%	33	太平洋建设
9	张勇、舒萍夫妇	1200	9%	48、49	海底捞

新晋富豪中，来自教育行业的企业家尤为突出。中公教育的鲁忠芳、李永新母子凭借600亿元财富首次登榜，位列排行榜第40位。中公教育2019年1月成功完成借壳上市，市值突破900亿元，其联合创始人王振东也以155亿元财富登上榜单。此外，还有“职业教育大王”东方教育创始人吴俊保以150亿元财富荣登新一任安徽首富。东方教育于2019年6月在香港成功上市。此外，还有2019年上市的视频会议软件开发商Zoom的创始人袁征，以360亿元身家首次上榜即进入百强。

上榜企业中有52家独角兽企业，大多来自科技行业，例如以商汤科技为代表的人工智能、以大疆为代表的机器人、以比特大陆为代表的区块链、以优客工场为代表的共享经济和以小鹏汽车为代表的新能源汽车等。此外，2019年的科创板为榜单贡献了22位上榜企业家，其中，平板检测设备企业华兴源创的陈文源张茜夫妇以220亿元成为科创板首富。

从行业分布看，六成上榜者主要财富来自制造业、房地产、IT和金融与投资这四大行业，人数占比则与去年大致相同。其中，制造业仍是上榜企业家最主要财富来源，但人数占比从2017年的27.9%、2018年的26%下降到2019年的24.5%；房地产仍排行第二，从14.9%降至14.8%，几乎无变化；IT重回第三名，占11.7%，金融投资从去年的第三跌至第四名，占11.4%；医药仍排第五，从7.1%上升到7.6%；以张勇、舒萍夫妇为代表的服务行业比重连续三年上升，升至2019年的5.7%，位列第六；零售业连续三年比重增长，今年占3.9%，列为第七，农林牧渔、新能源行

业小幅增长，服装纺织、文化娱乐、建筑、钢铁行业小幅下降，食品饮料行业保持不变。（见表5）

表5 《2019胡润百富榜》中国大陆企业家行业分布

排名	行业	2019年占比（%）	2018年占比（%）	2017年占比（%）	行业首富	公司	财富（亿元）
1	制造业	24.50	26.10	27.90	何享健、何剑锋父子	美的	1800
2	房地产	14.80	14.90	14.60	许家印	恒大	2100
3	IT	11.70	10.30	11.80	马化腾	腾讯	2600
4	金融与投资	11.40	11.60	10.90	马云家族	阿里系	2750
5	医药	7.60	7.10	6.70	孙飘扬、钟慧娟夫妇	恒瑞制药、翰森制药	1750
6	社会服务	5.70	5.10	3.30	张勇、舒萍夫妇	海底捞	1200
7	零售	3.90	3.30	2.90	马云家族	阿里系	2750
8	食品饮料	3.40	3.40	3.30	庞康	海天味业	850
9	资源	3.30	4.40	4.90	王玉锁、赵宝菊夫妇	新奥	640
10	服装纺织	3.0	3.30	3.20	马建荣家族	申洲针织	600
11	文化娱乐	2.80	2.90	3.00	马化腾	腾讯	2600
12	农林牧渔	2.50	2.30	2.50	秦英林、钱瑛夫妇	牧原	1000
13	新能源	2.30	1.50	1.30	曾毓群	宁德时代	450
14	建筑	1.70	2.00	2.00	严昊家族	苏太华系	1200
15	钢铁	1.40	1.80	1.70	杜双华	日照钢铁	400

（二）全球富豪榜

1. 2019福布斯全球亿万富豪榜

2019年3月5日，福布斯发布了《2019年度全球亿万富豪榜》，2019年全球共有2153人身价超过了十亿美元，比去年减少了55位。2019年上榜富豪总净财富达8.7万亿美元，较去年下降了4.4%，是过去10年内的第二次下降，平均财富40亿美元，低于去年的41亿美元；其中有994位富豪身家缩水，人数之多创历史最高；排名前20位富豪的总净财富为1.2万亿美元，与去年持平，占上榜总财富的14%；进入前20位的最低财富值为388亿美元。杰夫·贝索斯、比尔·盖茨、沃伦·巴菲特分别以1310亿美元、965亿美元、825亿美元的财富位列前三。（见表6）

在上榜富豪人数上，美国富豪607人，继续保持全球首位，比去年增加了22人；中国富豪数量位居第二，共有476人上榜，与去年持平，其中内地324人、香港111人、台湾40人、澳门1人；德国有114位富豪上榜，位居第三。值得一提的是，全球华人富豪数量564人，比去年增加了88人，逆势上涨的幅度较大，占全球富豪总数的26.2%，表现颇为亮眼。（见表6）

表6 2012—2019年福布斯富豪榜华人情况

年份	全球富豪人数	华人富豪人数	华人全球占比	中国内地富豪人数	中国内地全球占比
2012	1226	198	16.2%	95	7.7%
2013	1426	245	17.2%	122	8.6%
2014	1645	290	17.6%	152	9.2%
2015	1826	370	20.3%	213	11.7%
2017	2043	486	23.8%	334	16.3%
2018	2208	476	21.6%	373	16.9%
2019	2153	564	26.2%	324	15.1%

数据来源：2019福布斯全球亿万富豪榜（本节同）。

中国上榜富豪中，20位富豪财富超10亿美元，比去年减少了5名，19位中国富豪跻身全球亿万富豪榜前100名。排名最高的中国富豪是腾讯创始人马化腾，他凭借388亿美元的资产位列全球第20名；进入全球前50名的中国富豪还包括马云（第21位）、许家印（第22位）、李嘉诚（第28位）、李兆基（第29位）、王健林（第36位）、杨惠妍（第42位）、何享健（第50位）。其他上榜中国富豪有：张一鸣（第70位）、丁磊（第81位）、黄峥（第94位）、雷军（第143位）、李彦宏（第143位）等，其中，拼多多创始人黄峥在新晋的195位富豪中排名最为靠前。（见表7）

表7 《2019福布斯全球亿万富豪榜》中前十名中国企业家情况

中国排名	全球排名	姓名	财富值（亿美元）	财富来源
1	20	马化腾	388	社交媒体
2	21	马 云	373	电商
3	22	许家印	362	房地产
4	28	李嘉诚	317	多元化经营
5	29	李兆基	301	房地产
6	36	王健林	226	房地产
7	42	杨惠妍	221	房地产
8	50	何享健	198	家用电器
9	63	李文达	171	蚝油、房地产
10	65	刘銮雄	169	房地产

2. 2019胡润全球富豪榜

2019年2月26日，胡润研究院发布《2019胡润全球富豪榜》，共计来自67个国家，1931家企业的2470位十亿美金富豪上榜，比去年减少了184位；上榜富豪的总财富为9.6万亿美元，较去年下降了9%，其中，制造业损失了1750亿美元的财富，零售业损失1220亿美元，房地产业损失1150亿美元；去年上榜富豪中有多达430位跌出2019年榜单，创下历史纪录，新增富豪201人，中国新增富豪人数最多，新增了52人，其次是美国和印度，分别新增39和23人。中国继续以658名十亿美金富豪领先于美国，德国、英国分别名列第三和第四。

全球十大富豪中，有6人来自美国，前10名财富平均增长了4%。杰夫·贝佐斯、比尔·盖茨和沃伦·巴菲特分别以9900亿元、6500亿元、5900亿元人民币的财富位列前三。（见表8）在大中华区，55岁的马云及其家族以2600亿元的财富位列大中华区第一，全球第22位；马化腾以2550亿元的财富位列大中华区第二，全球第24位；许家印以2500亿元的财富位列大中华区第三，全球第26位。（见表9）

表8　《2019胡润全球富豪榜》全球十大富豪情况

排名	姓名	财富（亿美元）	财富变化	公司	年龄	居住国
1–	杰夫·贝佐斯	1470	33.0%	亚马逊	55	美国
2↑	比尔·盖茨	960	18.1%	微软	63	美国
3↓	沃伦·巴菲特	880	–4.4%	伯克希尔·哈撒韦	88	美国
4↑	伯纳德·阿诺特	860	23.0%	酩悦·轩尼诗–路易·威登	69	法国
5↓	马克·扎克伯格	800	12.2%	Facebook	34	美国
6↑	卡洛斯·斯利姆·埃卢家族	660	8.9%	墨西哥美洲电信公司	79	墨西哥
7↓	阿曼西奥·奥特加	560	–14.7%	蒂则诺	82	西班牙
8↑	穆克什·安巴尼	540	32.8%	瑞来斯	61	印度
8↑	谢尔盖·布林	540	30.5%	谷歌	45	美国
10↓	拉里·佩奇	530	19.8%	谷歌	45	美国

注：↑对比去年排名上升，↓对比去年排名下降，*对比去年新进入前十名。

来源：胡润研究院《2019胡润全球富豪榜》（本节同）。

2019年，科技行业是全球十亿美金富豪的主要财富来源，财富总额占整张榜单总财富的16.7%，遥遥领先；财富占比第二多的是投资行业，

占11.4%。而从人数来看，科技、房地产、投资、制造业和零售业，这五大业的富豪人数约占榜单总人数的一半。（见表10）

表9 《2019胡润全球富豪榜》大中华区前十名

排名	姓名	财富（亿元人民币）	全球排名	主要财富来源	年龄	居住地
1↑	马云家族	2600	22	阿里系	55	杭州
2↓	马化腾	2550	24	腾讯	48	深圳
3↓	许家印	2500	26	恒大	61	广州
4↑	李嘉诚	2000	29	长江实业	91	香港
5↓	李兆基	1800	32	恒基兆业	91	香港
6↓	杨惠妍	1600	35	碧桂园	38	佛山
7–	何享健、何剑峰父子	1300	44	美的	77、52	佛山
8*	严昊家族	1200	53	苏太华系	33	南京
9*	郑家纯家族	1150	57	周大福	71	香港
9↓	王健林家族	1150	57	万达	65	北京

注：↑排名比去年上升，↓排名比去年下降，–排名保持不变，*新进入前十。

表10 《2019胡润全球富豪榜》全球富豪行业分布

排名	行业	占总人数比例	比例变化	首富	公司
1–	科技、传媒和电信	12.3%	1.2%	杰夫·贝佐斯	亚马逊
2–	房地产	9.8%	0.7%	许家印	恒大
3↑	投资	9.1%	0.6%	比尔·盖茨	微软
4↓	制造业	8.3%	0.0%	何享健、何剑锋父子	美的
4↑	零售	8.3%	0.6%	阿曼西奥·奥特加	蒂则诺
6–	食品饮料	7.9%	0.6%	玛丽亚·弗兰卡·菲索罗	费列罗
7–	金融服务	5.5%	0.8%	约瑟夫·萨夫拉	萨夫拉集团
8↑	医药	4.3%	0.0%	埃内斯托·贝尔塔雷利家族	雪兰诺
9↓	能源	4.0%	–0.3%	穆克什·安巴尼	瑞来斯
10*	金属和矿产	3.1%	0.2%	弗拉基米尔·波塔宁	诺尔里斯克镍矿

注：↑对比去年排名上升，↓对比去年排名下降，*对比去年新进入前十名。

3. 2019年瑞银/普华永道亿万富豪报告

2019年11月8日，瑞银和普华永道联合发布了《2019年瑞银/普华永道亿万富豪报告》。报告指出，2018年全球亿万富豪人数达2101人，财富总额下降了4.3%，总规模8.5亿美元，比去年减少3880亿美元；2018年只有科技行业获得了增长，增长了3.4%，达到1.3万亿美元。（见图3）

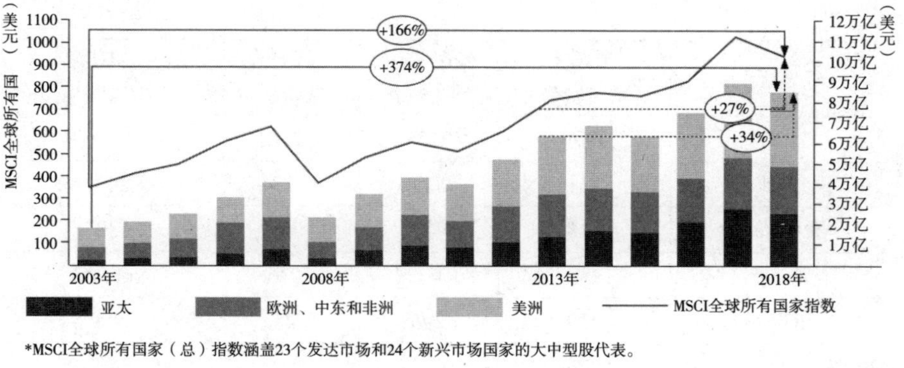

图3　2003—2018年世界各地区亿万富豪资产增长

注：图来自2019年瑞银/普华永道亿万富豪报告。

2018年，全球财富创造速度有所停滞，其中以亚太地区受到的波及最大。2018年中国亿万富豪人数较去年减少了48人，为325人，财富总额下降12.3%，为0.98万亿美元；但中国依旧保持全球亿万富豪数量第二多，仅次于美国，中国亿万富豪财富净额占全球的1/8。

按区域分，美洲地区仍然是亿万富豪财富最集中的地区，在全球富豪数量缩减的情况下，2018年美洲逆势增长，亿万富豪财富增加13.9%，达到3.6万亿美元，主要得益于美国高科技企业的推动，美洲地区新增34位亿万富豪，为749人，增幅4.8%，其中19位是来自美国的科技富豪。（见表11）

亚太地区受中国经济增长放缓和美国利率上升的影响，2018年亿万富豪财富总额2.5万亿美元，比去年减少2176亿美元，下降幅度达8.0%，

同时，亿万富豪的净人数减少60人至754人，降幅为7.4%。（见表11）

欧洲、中东和非洲地区的亿万富豪财富在2018年下降了6.8%，减少1748亿美元至2.4万亿美元，幅度约为欧元兑美元3.5%贬值幅度的两倍，亿万富豪的数量减少31人至598人，降幅为4.9%。（见表11）

表11　2016—2018年各地区亿万富豪的发展

单位：个、十万美元

地区	2016年富豪数量	2017年富豪数量	2018年富豪数量	2018年富豪财富总量
合计	1979	2158	2101	8536.8
亚太地区	711	814	754	2491.9
大中华区	418	475	436	1387.7
大洋洲	34	43	36	114.4
东南亚	259	296	282	989.8
欧洲、中东、非洲	586	629	598	2409.2
东欧	147	163	151	543.1
中东和北非地区	42	52	50	162.3
西欧	397	414	397	1703.8
美洲	682	715	749	3635.7
中美洲和南美洲	83	84	97	371.6
北美洲	599	631	652	3264.1

注：数据来自2019年瑞银、普华永道亿万富豪报告。

十三、民企公益慈善

——救助意识提升，规模突破纪录

2019年，我国公益慈善事业成绩斐然，在捐款总额、捐款人数等方面创下多个历史记录，强烈反映出我国公众和企业对于慈善事业的深刻认同，全社会慈善救助意识不断提升。根据2019年9月21日中国慈善联合会发布的《2018年度中国慈善捐助报告》，2018年度中国境内接收国内外款物捐赠再创新高，共计1624.15亿元，同比增长8.3%，捐赠总额占同年全国GDP的0.16%，现金捐赠总额突破1000亿元，创历史新高；主要流向教育、扶贫与发展、医疗健康3个领域，合计超过总量7成以上；主要流入西藏、青海、新疆、甘肃等省份。捐赠的主要来源是企业和个人，其中，个人捐赠360.47亿元，同比增长3.24%，仅次于2008年汶川地震的捐赠金额。

民营企业依然是捐赠的主力，2018全年捐赠约450.32亿元。数据显示，2018年，制造业、房地产业、金融业等行业捐赠额最高，依次排在前3位。国有企业保持第二位，捐赠总额为310.90亿元。此外，香港、澳门两地捐赠总额达185亿元，香港赛马会于2018年捐出42.8亿港元，创历史新高，一举成为香港最大的慈善机构。

（一）《公益时报》2018中国慈善榜

2019年4月29日，《公益时报》发布第十六届（2019）中国慈善榜。

榜单显示，民营企业在2018年度的社会慈善事业中表现卓越。本届上榜慈善家共274位，慈善企业744家，慈善家人数较去年人数有了显著增多，2018年度合计捐赠276.3亿元，比去年增长了50%，创历史新高，平均企业捐赠额2479万元，捐赠额上亿的企业达30家之多，是历史上前所未有的，其中民营企业就占了22家，充分体现出了民营企业对于整体社会的责任感、使命感和将财富回馈公众的高尚情怀。

英皇集团主席杨受成，宁夏宝丰集团有限公司董事长、宁夏燕宝慈善基金会理事长党彦宝，世纪金源集团黄如论、黄涛父子，真维斯国际（香港）有限公司董事长杨勋，通鼎集团董事局主席沈小平，鹏宇投资集团创始人总裁朱新红，北京葆康益生公益基金会理事长张瑞平，开明实业股份有限公司董事长、开明慈善基金会副理事长陈正拜，阿里巴巴集团董事局主席、马云公益基金会创始人马云，圣奥集团有限公司董事长倪良正等获颁年度十大慈善家奖项。

英皇集团主席杨受成被授予中国慈善榜最具影响力慈善领袖称号；宁夏宝丰集团有限公司董事长、宁夏燕宝慈善基金会理事长党彦宝被授予中国慈善榜慈善领袖称号；世纪金源集团黄如论、黄涛父子被授予中国慈善榜慈善事业特别贡献奖。

日照钢铁控股集团有限公司、腾讯公司、新奥集团股份有限公司、传化集团有限公司、中南控股集团有限公司、碧桂园集团、完美（中国）有限公司、轻松筹、紫金矿业集团股份有限公司、大众汽车集团（中国）等被授予年度慈善企业称号。

大爱城投资控股有限公司荣获慈善事业特别贡献奖。美国诚信集团执行董事刘欣、三生（中国）健康产业有限公司董事长黄金宝、闻广天下文化集团总经理葛爽、天明集团、夏邦国际贸易（上海）有限公司、北京香港马会会所等机构和个人荣获慈善榜样奖。

（二）中国最透明慈善公益基金会排行榜

上海真爱梦想公益基金会、中国红十字基金会、中华少年儿童慈善救助基金会、中国社会福利基金会、南都公益基金会、中国出生缺陷干预救助基金会、中国妇女发展基金会、爱佑慈善基金会、中国残疾人福利基金会、中国绿化基金会等50家基金会荣登《2019中国最透明慈善公益基金会排行榜》，其透明指数平均分95分，平均捐赠收入达到2.28亿元。

（三）福布斯2019年中国慈善榜

2019年7月24日，福布斯中国发布2019年中国慈善榜。上榜的100位企业家（企业）现金捐赠总额为191.7亿元，上涨10.7%，为近7年来最高值。本次入围门槛为1800万元，高于去年的1300万元，创历史新高。其中，捐赠过亿的企业家有48位，比去年多出6位，捐赠现金高达170.9亿元，占总额的89%。

恒大集团董事长许家印、碧桂园主席杨国强家族、阿里巴巴董事局主席马云分别以40.7亿元、16.6亿元及9.8亿元人民币的现金捐赠总额位列前三。除此之外，马化腾、卢志强、李彦宏夫妇、黄朝阳、龚俊龙、陈发树、党彦宝等也上榜。（见表1）

表1　2019福布斯中国慈善榜前十名情况

排名	姓名	企业简称	行业	现金捐赠总额（万元）
1	许家印	恒大集团	房地产、投资	407000
2	杨国强家族	碧桂园	房地产	165645
3	马云	阿里巴巴	电子商务、金融科技	98020
4	马化腾	腾讯	互联网服务	73084
5	卢志强	中国泛海控股集团	金融、房地产	58426

续表

排名	姓名	企业简称	行业	现金捐赠总额（万元）
6	李彦宏、马东敏夫妇	百度	搜索引擎	54650
7	黄朝阳	中骏集团	房地产、变压器	52594
8	龚俊龙	恒裕集团	房地产、投资	50000
8	陈发树	新华都	医药、零售投资	50000
10	党彦宝	宝丰集团	煤炭采选业	39000

注：资料来自福布斯中文网（本节同）。

在捐赠方向方面，教育、扶贫分别占据48.6%、33.6%，为2019年慈善捐赠的两大主要方向。其中，教育捐赠占据了半壁江山，绝大多数的企业家非常乐于给自己的母校捐赠现金或设立专项教育基金。获捐赠最多的前十名高校分别为北京大学、清华大学、福州大学、中国科学技术大学、武汉大学、西湖大学、中山大学、杭州师范大学、华中科技大学、南开大学。

从上榜企业的行业集中度来看，房地产、互联网和制造业名列前三。房地产行业不仅是诞生亿万富豪最多的产业，也同样是产生慈善家最多的行业。榜单显示，来自房地产行业的捐赠企业数量为46家，较去年增加了14家，其捐赠金额高达129.9亿元，增长40%，捐赠额占整体比例从去年的53%提高至67%，成为当之无愧的捐赠主力军。位列第二、第三名的互联网和制造业，现金捐赠合计为30.3亿元，占比近16%。

（四）2019年胡润慈善榜

2019年5月21日，胡润研究院发布《2019胡润慈善榜》，114名慈善家（企业）上榜，上榜门槛比去年提高25%，达到2000万元。其中，有8成（80位）上榜慈善家来自最新一期胡润百富榜，比去年增加20位；上榜慈善家总捐赠额比去年下降3%，达到225亿元；平均捐赠额比去年下降

8.2%，为2亿元，慈善家们的平均捐赠额仅占他们平均财富的0.4%，比去年低0.1个百分点。（见表2）

表2 2004—2019年《胡润慈善榜》上榜人数及捐款情况

单位：人、万元人民币

年份	上榜人数	平均捐赠额	第1名捐赠额	第50名捐赠额	第100名捐赠额
2004	50	2060	21000	300	
2005*	50	2180	29000	530	
2006*	100	5690	200000	1510	600
2007*	100	9470	200000	3000	1500
2008*	100	12840	300000	4420	2650
2009	50	7780	85000	1450	
2010	50	16420	320000	1070	
2011	100	12110	458000	3000	1350
2012	100	10120	364000	4000	1680
2013	100	5597	58000	3000	1100
2014	100	20347	1450000	3000	1200
2015	100	20030	1465000	2605	1200
2016	100	30018	1395000	3325	1255
2017	100	15963	300000	4000	1500
2018	100	21793	746000	5750	1600
2019	114	20000	496000	8970	2100

注：*2005—2008年捐赠额为历年累计，其余为当年捐款额。
数据来自胡润研究院（本章同）。

鲁伟鼎、陈一丹、许家印位居2019年胡润慈善榜前三位。首善鲁伟鼎捐出其持有的万向三农全部股权，设立鲁冠球三农扶志基金慈善信托，市值49.6亿元，用以支持社会公益；陈一丹以个人名义捐赠腾讯股票成立慈善信托，价值34.5亿元用于教育事业，排名第二；许家印向家乡周口捐赠6.5亿元，目前到账2.1亿元，向广东扶贫济困日捐赠5亿元，排名

第三。（见表3）

表3 2019胡润慈善榜前十名慈善家

排名	姓名	捐赠额（亿元）	主要捐赠方向	公司	年龄	主要行业
1*	鲁伟鼎	49.6	社会公益	万向	48	汽车制造业、房地产、农业
2*	陈一丹	34.5	教育	腾讯	48	IT、投资、娱乐
3↓	许家印	16.0	扶贫、教育	恒大	61	房地产
4↑	杨国强、杨惠妍父女	9.64	教育、扶贫、医疗、基础设施建设、救灾、社会公益	碧桂园	64、38	房地产
5*	许应裘	6.0	基础设施建设、扶贫	凯源房地产	85	房地产
6*	龚俊龙	5.0	基础设施建设、扶贫、教育	恒裕	50	房地产、投资
6*	陈发树	5.0	医疗、教育	新华都	58	零售、矿、投资
8↓	卢志强	4.24	扶贫、教育	泛海	67	房地产、投资
9*	吴远溪、吴远港兄弟	3.5	教育	汉京	61、-	房地产
10-	黄如论、黄涛父子	3.24	扶贫、教育、社会公益	世纪金源	68、43	房地产

注：*表示对比去年新进入前十名，↑表示对比去年排名上升，↓表示对比去年排名下降，-表示对比去年排名不变。

从历年捐赠方向来看，2019年教育领域的捐赠人数仍然最多，占35%，比去年减少6个百分点；2019年扶贫方面持续增长，比去年增加11个百分点，以29%，排名第二；捐赠慈善基金会等社会公益方面，占16%，比去年减少2个百分点，排名第三。（见表4）

表4 历年《胡润慈善榜》主要捐赠方向所占比例

年份	2019	2018	2017	2016	2015	2014	2013	2012	2011	2010	2009	2004
教育	35%	41%	44%	46%	44%	27%	34%	36%	24%	26%	18%	39%
社会公益	16%	18%	20%	20%	26%	20%	26%	32%	29%	20%	15%	7%
扶贫	29%	18%	17%	11%	9%	11%	15%	20%	9%	10%	10%	15%
赈灾		4%	3%	3%	5%	19%	1%	3%	26%	28%	43%	27%
其他		19%	16%	19%	17%	23%	24%	9%	12%	16%	14%	12%

注：*社会公益包括慈善基金会等。

十四、问题民营企业

——新领域风险大，质押债危机显

2019年12月，中共中央与国务院联合颁行《关于营造更好发展环境支持民营企业改革发展的意见》（以下简称《2019意见》），《2019意见》明确指出，为民营企业优化公平竞争的市场环境，完善精准有效的政策环境，健全平等保护的法治环境，鼓励引导改革创新，促进民营企业规范健康发展。毋庸置疑，对全球化进程中的任何一个国家而言，民营企业的发展程度是衡量国家经济状况的重要标杆。北京师范大学中国企业家犯罪预防研究中心发布的《企业家刑事风险分析报告（2014—2018）》（以下简称《报告》）表明，我国现阶段民营企业、民营企业家的犯罪规模与结构仍然不容小觑。本章以《报告》的统计数据为基础，旨在揭示我国民营企业（家）的刑事风险的整体情况，突出的关键问题，以及保护民营企业合法产权的重要举措。

（一）我国民营企业刑事风险整体样貌

1. 民营企业（家）犯罪数量规模

根据《报告》中的数据所显示（见表1），从2013年12月1日至2018年11月30日（以下简称“2014—2018年度”）[①]，在所有上传至“中国裁判文书网”的刑事判决案例中，共涉及犯罪企业家8612人。其中，民营

① 北京师范大学中国企业家犯罪预防研究中心发布的《企业家刑事风险分析报告（2014-2018）》将2013年12月1日至2014年11月30日计为2014年度，以此类推。

企业家犯罪人数为7215，占总量的85.77%。

以最新的统计年度为样本，从2014年到2018年，国有企业家刑事犯罪频次比例从15%降到10.71%，民营企业家的占比则从85%上升为89.29%，国有企业家的犯罪频次与民营企业家犯罪频次的比例约为1∶8。（见表1）

表1 中国企业家2014—2018年度犯罪情况统计

	年份	2014年	2015年	2016年	2017年	2018年
《中国企业家刑事风险报告》	涉案总人数	799人	921人	1827人	2292人	2773人
	国有企业家人数	122人	170人	236人	308人	297人
	国有占比	15%	18%	12.9%	13.4%	10.71%
	民营企业家人数	677人	751人	1591人	1984人	2476人
	民营占比	85%	82%	87.1%	86.6%	89.29%

从民营企业家的职务分布来看，企业主要负责人卷入犯罪占所有涉罪民营企业家人数的比例接近80%，实际控制人、股东的所占百分比则为11.25%，财务负责人、技术负责人销售（采购）负责人及其他核心部门负责人的这一比例为7.66%，其他职务的犯罪人数占比则微乎其微。显而易见，权力最大的企业主要负责人面临最大的刑事风险，实际控制人与股东次之，核心部门负责人的刑事风险相对小一些，董事、监事等未掌握绝对核心权力的职务的企业（家）犯罪刑事风险概率则可以忽略不计。由此可见，企业（家）刑事风险与企业家的权力呈正相关关系。因此，在企业中亟待构建起独立于企业负责人的专门内控机构，刑事风险防控体系需和企业自身规模、性质相匹配，唯有以刚性的制度来约束企业（家）犯罪，才能使企业在经营管理中将刑事风险防微杜渐。

2. 民营企业（家）罪名结构

在2014至2018年期间，民营企业（家）有罪判决共计7578次，涉及

36个具体罪名，其中频次排名前十的罪名如表2所示。与之相对应，国有企业（家）被判有罪共计1374次，共涉及32个具体罪名，其中频次排名前十的罪名如表3。不难看出，民营企业（家）比国有企业（家）面临着更大的刑事风险。根据2018年国家统计年鉴，全国范围内，国有和集体控股企业合计575746家，私人控股企业则共计16204143家，在此意义上，我国民营企业与国有企业的数量比例约为1：28。

表2　中国民营企业家2014—2018年度罪名结构统计

序号	具体罪名	触犯频次	占比
1	非法吸收公众存款罪	1494次	19.71%
2	虚开增值税专用发票罪	955次	12.60%
3	职务侵占罪	744次	9.82%
4	合同诈骗罪	520次	6.86%
5	单位行贿罪	488次	6.44%
6	挪用资金罪	403次	5.32%
7	拒不支付劳动报酬罪	379次	5.00%
8	行贿罪	357次	4.71%
9	骗取贷款、票据承兑、金融票证罪	258次	3.40%
10	非国家工作人员受贿罪	236次	3.11%

表3　中国国有企业家2014—2018年度罪名结构统计

序号	具体罪名	触犯频次	占比
1	受贿罪	481次	35.01%
2	贪污罪	338次	24.60%
3	挪用公款罪	146次	10.63%
4	私分国有资产罪	67次	4.88%
5	职务侵占罪	48次	3.49%
6	行贿罪	37次	2.69%

续表

序号	具体罪名	触犯频次	占比
7	挪用资金罪	37次	2.69%
8	非法吸收公众存款罪	33次	2.40%
9	非国家工作人员受贿罪	20次	1.46%
10	单位行贿罪	18次	1.46%

从以上所有统计数据不难看出，不但民营企业家所触犯的罪名范围与频次均高于国有企业家，而且在平均意义上，民营企业家所面临的刑事风险概率高于国有企业家。在国家致力于优化营商环境，民营企业数量稳步增加的政策背景下，随着民营经济在我国国民经济中所占比例持续扩充，民营企业爆发潜在刑事风险的可能性将会水涨船高。

正如《报告》所分析，我国的民营企业在经营管理和企业治理方面仍然存在着较大的提升空间，在外部营商环境日益透明与公正的情况下，民营企业需要更加重视合规管理。《2019意见》明确指出，鼓励民营企业完善内部激励约束机制，规范优化业务流程和组织结构，建立科学规范的劳动用工、收入分配制度，推动质量、品牌、财务、营销等精细化管理……推动民营企业守法合规经营。毋庸置疑，对企业，尤其是民营企业而言，唯有构建精密且有效的合规制度，譬如设置合规部门与合规专员，建立检举机制并保护举报人，定期对员工进行合规培训等，才能在最大限度内消解刑事风险。

（二）我国民营企业刑事风险的关键问题

1. 融资类犯罪居高不下

《报告》数据显示，2018年度，企业家触犯非法吸收公众存款罪共计699次，其中，国有企业家仅触犯6次，民营企业家触犯693次。从触犯频次的高低排序来讲，从2014年到2018年，非法吸收公众存款罪始终是民营企业家触犯的最高频罪名，并且持续占民营企业家犯罪全部数量的20%左右。

以上数据反映出民营企业融资难的老问题尚待解决。同时，也在一定程度上显示出非法吸收公众存款罪在司法实践中的泛刑主义倾向问题。从犯罪学角度来看，立法反应、司法反应都决定着企业犯罪的现实规模与强度。长期以来，一方面，我国将吸收储蓄一直规定为银行的专属业务，并在某种意义上形成了行业垄断。但另一方面，民营企业想要谋求进一步发展，需要大量的资金源流作为必要支撑，然而民营企业从银行贷款又存在着手续烦琐等难题，民营企业比国有企业更难获得商业贷款已成为一个不争的事实。美国犯罪学家罗伯特·默顿的结构紧张理论（structural strain theory）启示我们，当社会目标难以实现时，企业家一方面希望通过扩张经营以获取财富，另一方面却是国家政策对民营企业获得贷款的差别待遇，这两者之间形成了一种迫切渴望但求之不得的紧张关系，最终民营企业可能选择通过其他途径来实现获取资金的目的，例如向社会公众吸纳存款。钱宝网、P2P网贷等频繁爆发刑事风险的背后，折射出对民营企业在融资监管方面的不少问题。

第一，当下分业监管的模式已经与金融市场一体化的大势所趋相背离，尤其对于以混合经营为主要方式的金融产品和服务而言，分业监管体制已然滞后，多重监管机构之间难以协调，可能诱发监管套利现象，因此，亟待实现以通力合作为主统一监管模式。最新一次的国务院机构改革中，银保监会的合并设立即是很好的例证。第二，互联网金融市场缺乏准入机制，导致行业内的民营企业鱼龙混杂，进而致使平台内的交易信息不公开透明，这种信息不对称的现状使得投资人无法及时有效识别风险，从而难以获取预期收益，甚至会陷入庞氏骗局中。第三，民众的投机与侥幸心理，使得钱宝网等公司的虚假宣传具备了滋生犯罪的空间。加之许多媒介平台不甄别审查内容，便刊登、传播投资广告，这容易致使渴望一夜暴富的民众成为潜在的被害对象。

因此，想要纾解这种紧张结构，一方面要保障民营企业依法享有和国有企业平等的获取贷款的权利，另一方面要适当开放民间融资市场。对此，《2019意见》已经做出有益探索，明确提出了完善民营企业直接融资制度。

2. 腐败犯罪规模持续扩张

在过去，虚开增值税专用发票罪一直是民营企业高频罪名中仅次于非法吸收公众存款罪的高发刑事风险，然而，2018年度中，职务侵占罪“异军突起”，成为仅次于非法吸收公众存款罪的民营企业家高频罪名。并且，在民营企业家高频罪名中，腐败犯罪占据了半壁江山，职务侵占罪、单位行贿罪、挪用资金罪、行贿罪、非国家工作人员受贿罪这五个罪名皆在前十大高频罪名之列。

无论是犯罪人数抑或犯罪次数，民营企业家触犯腐败犯罪的情况都要比国有企业家更严重，《报告》显示，民营企业家在全部腐败犯罪中的占比约为七成。这不但表明民营企业家面临着更大的腐败犯罪刑事风险，还说明了因缺乏有效的内控体系导致的民营企业内生性腐败、商业贿赂等现象亟待解决。无法否认，长期以来，刑法学界与司法实践中均将惩治与预防腐败的目光聚焦于国家机关和国有企业，而民营企业往往被贴上“私有”“自负盈亏”等标签，因此，即使涉及针对企业的腐败治理，也常常是将“国字号”作为主要对象，民营企业的腐败治理成为被遗忘的角落。同时，在贿赂犯罪的治理方面，对受贿的重视程度又远超行贿。以商业贿赂为例，在其背后的社会结构中，国家机关掌握着大量的权力资源而处于强势支配地位，与之相反，以行贿方姿态出现的民营企业则常常被认为处于弱势的受支配地位，因此形成了“重受贿轻行贿”的社会心理格局。

此外，“对私营部门而言，腐败就等于榨取，其对企业发展的损害远大于税捐等合法手段，民营企业腐败犯罪的危害性其实不容小觑。”我们必须深刻地认识到，民营企业仍然处于反腐败理论研究与司法实务的“边缘地带”，十分有必要加强非公有制领域的反腐工作。据《人民日报》2018年1月14日报道，十九届中央纪委二次全会公报旗帜鲜明地指出，2018年在反腐工作中将严查六类对象，“政治问题和经济问题相互交织形成利益集团”便首当其冲[①]。所谓“利益集团”，其矛头当然指向“官商勾连”形成的利益团体，这其中无不折射出执政者对治理当下社会行贿受贿不良风气的深刻担忧与高度重视。事实上，许多涉案企业与企业家均在当地声名显赫，然而，却为了谋取不正当利益而主动攀附官员并输送利益，最终致使企业触犯单位犯罪的罪名。这会严重影响企业的社会声誉，进而不利于企业的可持续盈利。更为重要的是，一旦企业卷入刑事诉讼，将会面临查封扣押等刑事强制措施，以及巨额罚金等刑罚，这均会对企业的正常管理与经营产生负面效应。

一方面，公共领域与私营领域的腐败相互关联且互为因果，两者之间的伴生关系体现在：企业家行贿犯罪往往在背后潜藏着公权组织人员的庇护，而政府官员贪腐犯罪背后常常会有企业家利益输送来推波助澜，因此，只有系统治理才能将反腐败工作引向深入；另一方面，这也是《联合国反腐败公约》的明确要求，该公约对私营部门腐败问题设立专章予以了特别规定，作为《反腐败公约》的缔结国，我国应当积极承担起相应的国际义务。

3. 欠薪犯罪亟待整治

欠薪问题是民营经济蓬勃发展背后的另一个负面缩影，由于我国很多民营企业的内部组织结构、生产方式、财务管理等系统尚不规范，源头资金不足，缺乏有效治理制度，用人单位主体责任和属地政府部门监

① 人民日报评论员：《乘势而上，开创全面从严治党新局面》，刊载于《人民日报》2018年1月14日第1版。

管责任没有落实等因素长期存在，欠薪这一顽疾久治不愈。《报告》数据显示，在2018年度，企业家触犯拒不支付劳动报酬罪共计157次，并且无一例外均是民营企业家，国有企业由于国家财政拨款的保障，因而在司法判决中并无触犯拒不支付劳动报酬罪的情形。由此可见，拒不支付劳动报酬罪是民营企业的高发刑事风险，亦是其应然的风控重要着力点环节。在司法保障方面，法院的执行环节中，应当通过失信惩戒、限制高消费、限制出境、罚款拘留等执行措施，依法采取冻结、扣押、查封、拍卖、变卖等强制措施，保障农民工及时兑现权利。

据人力资源和社会保障部披露，工程建设领域一直是欠薪高发的重灾区。其中的缘由显而易见，工程建设企业的施工项目往往以临时雇佣大量农民工为主要方式，并没有“五险一金”等社会福利保障，更没有完整的工资结算体系。加之许多施工单位自恃行业地位优势，故意拖欠相对弱势的农民工薪资。鉴于此，2020年1月，国务院公布的《保障农民工工资支付条例》（以下简称《条例》）明确规定，保障农民工工资支付，应当坚持市场主体负责、政府依法监管、社会协同监督，按照源头治理、预防为主、防治结合、标本兼治的要求，依法根治拖欠农民工工资问题。《条例》还补充了恶意欠薪企业的行政责任，对施工总承包单位、分包单位、建设单位的违法行为，规定了责令限期改正、处5万元至10万元罚款，对其中的一些违法行为还规定了责令项目停工、降低资质等级或者吊销资质证书等处罚。

（三）保护民营企业合法产权的重要举措

1. 颁行《优化营商环境条例》

2019年10月23日，我国第一部针对营商环境专门的法规——《优化营商环境条例》由国务院正式颁行。条例共有七十二条，分别从市场主体保护、市场环境、政务服务、监管执法等多方面为优化营商环境提供了法治保障。其中第十条规定，国家坚持权利平等、机会平等、规则平等，保障各种所有制经济平等受到法律保护。市场准入方面，除负面清单以外的行业、领域和业务，各类市场主体均可依法平等进入；平等获取要素方面，保障各类所有制市场主体依法平等获取资金、技术、人力资源、土地使用权及其他自然资源等各类生产要素和公共服务资源；招标投标和政府采购方面，对各类所有制和不同地区市场主体平等对待，不得以不合理条件或者产品产地来源等进行限制或者排斥。此外，在权利保护方面，自主经营权、财产权、知识产权、中小企业等也都纳入了平等保护的范畴。这样一个总分结合、体系严密的制度体系，不仅实现了平等保护的全覆盖，而且突出了对公有制与非公有制市场主体一视同仁的依法保护。此外，山东、天津等省份（直辖市）已经出台了本省（市）关于优化营商环境的实施细则，北京、上海等地也拟结合本土经济特点，以更细致的方式制定本地的优化营商环境具体实施办法。

2. 依法改判涉民营企业产权案件

1995年至2008年，倪菊葆在担任原审被告单位（共四家公司）法定代表人期间，为实现企业经营资金周转，也为归还企业转制后所承担的原企业债务，以购买原料等名义，通过约定高额利息回报，支付部分本金、利息的方式，先后多次变相非法吸收公众存款共计7000余万元，造成损失共计2800余万元。其间，原审被告人倪菊葆于2007年以投资购买原料为名，采用空货操作的形式以其经营的原审被告单位名义与被害单位扬州恒昌化工有限公司签订买卖合同，先后多次获得资金共计1300余万元，造成被害单位损失500余万元。一审法院判决倪菊葆构成非法吸收公众存款罪、合同诈骗罪，二审法院维持原判。后经再审程序，合同诈骗罪的相关裁判被依法撤销，对应的涉案金额被归入非法吸收公众存款罪中。

倪菊葆是吴江地区改革开放后第一代知名企业家之一，曾被授予

“全国优秀女企业家”“江苏省三八红旗手”等荣誉称号，担任过民进吴江主委、吴江市政协常委、苏州市人大代表、江苏省政协委员等职务。不可否认，在企业经营过程中，倪菊葆及所在企业确实存在变相非法吸收公众存款的行为。然而，原审对其部分行为以合同诈骗罪定罪量刑，属于混淆此罪与彼罪的界限。法院启动再审程序后依法改判，凸显了审慎甄别、实事求是、妥善处理民营企业（家）历史案件的法治精神，是对最高人民法院《关于依法妥善处理历史形成的产权案件工作实施意见》的有力践行。民营企业的健康发展，需要法治为其营造良好的营商环境，进而为我国民营经济的蓬勃繁荣贡献力量。

在全面倡导消弭“重公轻私”现状，平等保护民营企业与国有企业的语境下，司法机关应进一步恪守罪刑法定、无罪推定等基本刑事法原则，以审慎的态度对待每一件涉民营企业家案件，用法治为民营企业的行稳致远保驾护航。

十五、民企期盼政策

——观念更加解放，广行中性政策

2019年两会期间，企业家代表们提出了很多促进民营经济持续健康发展的建设性意见。在春、秋两次“大成企业首脑沙龙”上与会企业家提出了很多有益于民营企业发展的政策建议。这些政策建议主要围绕期盼落实总书记在民营企业座谈会上的讲话精神、应对中美贸易摩擦的思路和策略、涉及民营企业发展政策的稳定性与协调性、如何促进转型关键期民营企业的发展、企业家精神的弘扬以及如何化解民营企业的各类风险等方面。

（一）加强理论创新，完善和发展基本经济制度

习近平总书记在民营企业座谈会上明确指出，民营经济是我国经济制度的内在要素，民营企业和民营企业家是我们自己人。但在讲话之后，还少有从理论上阐述“内在要素”“自己人”的文章，也难以在政府和企业及社会的思想上真正解决问题。人们普遍担心，如果不能进一步解放思想，不断探索和创新，在理论上妥善解决姓“公”姓“私”的问题，一有风吹草动，否定民营经济的论调仍然会卷土重来，必将严重阻碍民营经济发展。为此建议：一要以所有制中性为突破口，创新所有制理论，继续完善和发展基本经济制度；二要以全面贯彻竞争中性原则为标准，继续完善法律法规和各项政策，不断消除所有制歧视，消除因为企业所有制不同而事实上存在的差别对待；三要鼓励各部门、各行

业、各地区以问题为导向，大胆实践，敢创敢闯，造成一种生动活泼的竞争局面，在对国有企业和民营企业平等保护产权、平等参与市场竞争、平等使用生产要素，为各种所有制企业发展打造公平公正的制度环境等方面把全面深化改革落到实处。

（二）加大力度，切实减轻企业税费负担

在2019年春季“大成企业首脑沙龙”上，三全集团董事长陈泽民表示，食品行业增值税仍存在高征低扣的现象，自2019年4月1日起，制造业和零售业的增值税税率从16%降到13%，农产品从10%降到9%，农产品和食品加工业行业税率的剪刀差仍然存在，食品加工业和制造业的税负依然很重。同时，劳动密集型的企业，工人工资不能列为进项，无法抵扣。有企业家提出，当前我国税制改革刻不容缓，现在的税制太复杂，要彻底地改、颠覆性地改，要简化税种，创新征收手段，要充分利用大数据、互联网技术改进和提高我们的征收管理水平。

部分企业、行业增值税减税获得感较低。社保费率仍然较高，企业对社保税征普遍担忧。行政审批中介服务收费过高。企业家们建议，一是实施更大范围的减税措施。加紧研究降低企业所得税、土地使用税、房产税、环保税税率，将银行利息纳入增值税抵扣范围，进一步降低企业税负。二是在进一步降低社保缴费费率的基础上严格征管。为稳定企业预期，建议进一步大幅度降低企业社保缴费名义费率，切实减轻企业负担。同时，严格征收和监管，确保公平。三是，规范行政审批中介服务收费。对于垄断性较强，短期内无法形成充分竞争的中介服务，可实行政府指导价管理。要打破一些领域行政审批中介服务的垄断，放开市场准入，在充分竞争中提升中介机构服务水平、降低价格。对政府部门、人员和中介机构内外勾结、利益输送的行为要严厉打击。

（三）进一步深化金融体系改革，不断提高金融服务实体经济能力

在2019年春季“大成企业首脑沙龙”上，民生银行董事长洪崎表示，企业的科技创新和国家经济增长，都需要长期资本和长期资金支持。而我国大多数民营企业在转型升级的过程中缺乏长期资金支持，主要靠短期资金，短贷长投，极易发生流动性风险。从我国2019年第一季度金融机构新增贷款的结构也可以看出，新增的5.81万亿元中，非金融企业及其他单位中长期贷款只有2.55万亿元。缓解企业融资难融资贵问题，不仅要解决金融机构敢不敢贷、愿不愿贷的问题，还要解决敢不敢长期贷、有没有风险投资、有没有长期的资本的问题，只有长期投资和资本，才能缓解当前我国企业财务上不合理的高负债的问题，才能迅速把整个经济稳定下来。因此，要进一步加大金融改革的力度，建立多层次、广覆盖、有差异的金融体系，建立规范、透明、开放，有活力、有韧性的资本市场，构建好风险投资、银行信贷、债券市场全方位、多层次的金融支持服务体系。

企业家们表示，在宏观去杠杆背景下，民营企业融资环境不容乐观，融资难、融资贵问题正从中小企业向大型企业延扩，特别是大型民营企业发债难，资金链持续紧张，面临较为突出的流动性风险。有企业家反映，金融机构对民营企业还存在不同程度的所有制歧视。与民营企业相比，国有企业融资要容易得多，而且利率也远低于民企。银行对不良贷款考核容忍度低，对银行行长和信贷员终身追责，许多银行不愿承担服务民营企业风险，有些金融机构不敢给民营企业放款。

还有企业家表示，近年来的去杠杆和金融严监管、资管新规、P2P整治等，导致民营企业融资渠道越来越窄。特别是2019年以来，民营企业经营状况普遍不好，很多企业过去融资的目的是再生产，而现在则是为

了还贷、付利息、发工资、交社保，剩余的钱才能用于生产经营。对于很多企业来说，融资难的问题已经转变为生存难。创投方面，受资管新规影响，人民币基金投资规模上半年大幅下降58.5%，受中美贸易摩擦影响，美元基金投资规模也大幅下降，大批创业企业因融不到资金而死亡。

民营企业债券融资受阻。银行“敢贷、愿贷、能贷”长效机制还没有建立起来。地方政府纾困基金落地进程较缓，发挥作用有限。企业家们建议，一是加快放宽市场准入，鼓励民营银行发展。深入推进金融供给侧改革，进一步放宽民营银行准入，大力发展民营银行，增加供给。鼓励和支持现有试点民营银行改革创新、突出特色，更好服务实体经济和中小微企业。二是切实有效发挥政府性融资担保机构作用。对政府性融资担保机构降低或取消盈利要求，明确融资担保体系的政策性定位，切实发挥财政支持保障作用，适当提高代偿风险容忍度，建立有效的绩效激励机制。三是加快建立银行“敢贷”“愿贷”“能贷”机制。积极探索监管创新，实行差异化监管，商业银行可在内部绩效考核机制中提高民营企业融资业务权重，加大正向激励力度，建立健全民营企业贷款尽职免责和容错纠错机制；出台针对性措施，彻底制止企业贷款企业家承担连带担保责任这一不合理要求；根据民营企业特点，放宽民营企业流动资金贷款受托支付标准，给予企业更多自主资金使用权；加大对民营企业中长期贷款投放力度，完善和推广“无还本续贷”政策。

（四）贯彻“竞争中性”原则，不断优化企业公平竞争环境

仍然存在用有色眼镜看待民营企业的情况。账款拖欠问题依然严峻。

企业家们建议，对国有企业和民营企业一视同仁、平等对待，加强反垄断与反不正当竞争行政执法力度，不断规范市场环境。借鉴欧盟和

日本、韩国等国家经验，加紧制定《防止企业延迟支付法》，对账款的支付时限、支付责任、处罚措施等方面做出明确规定，切实维护广大中小企业权益。

在2019年春季“大成企业首脑沙龙”上，企业家们表示，无论何种所有制，企业都是为社会提供产品和服务的，都解决就业和上缴税收，从这些角度来说，企业的性质都是一样的，不应该因为所有制不同而对民营企业区别对待。现实中，所有制歧视在一些领域和地方还是非常严重的，所有制歧视造成了民营企业、国有企业和外资企业地位的不平等。企业家们期盼，在完善我国社会主义市场经济体系的过程中，要消除所有制歧视，全面贯彻竞争中性原则，消除因为企业所有制不同而事实上存在的差别对待，确保对国有企业和民营企业平等保护产权、平等参与市场竞争、平等使用生产要素，为各种所有制企业发展打造公平公正的制度环境。

（五）从根本上扭转重行政手段轻市场机制，运动式、一刀切的政策执行方式

一是政策缺乏连续性和稳定性，解决历史遗留问题进展缓慢，由于环境和政策变化，政府部门之前承诺给予相关行业和企业优惠政策和补贴不能兑现；二是执行政策“一刀切”的情况还不同程度存在，每有督导组到来，往往盲目关停企业；有的地方一家企业出事故，往往要求同行业所有企业停产整顿整改；个别地区污染治理简单化，“一刀切”或“一关了之”；三是涉企监督检查频繁重复的问题依然突出，有的企业一周要接待3次不同类型的检查。

企业家们期盼，要加强政策协调性，防止政出多门，避免政策叠加冲突，力求相关政策科学合理。要改进工作作风，转变“一刀切”的政策执行方式，力戒形式主义，让企业有一个稳定的发展环境。

（六）推行政商交往“正面清单”和“负面清单”制度

政商关系“清”而不“亲”问题突出，政府服务意识有待加强。

企业家们建议，需要从制度上确保政府官员理直气壮地关心、支持民营企业，放心大胆地与民营企业家正常交往。

（七）全面贯彻罪刑法定、疑罪从无原则，不断降低民营企业各类风险

在司法实践中仍然存在坚持“有罪推定”错误思想的情况。在一些涉及民营企业负责人案件的侦办过程中，办案机关随意变更、套用多个罪名，确保犯罪嫌疑人“被抓必有罪”的现象仍然时有发生。例如“祝义才案”。

究其原因，一是司法实践中拘留、逮捕等强制措施滥用、涉案财物处置不规范问题严重；二是仍然存在对民营企业过往生产经营不规范行为，扩大化定罪量刑的情况；三是存在以刑事手段干预经济纠纷现象，地方保护主义倾向明显；四是冤假错案纠正进展不及预期，存在赔偿难、追责难等问题。

企业家们建议，一是在对新案的立案、侦查、起诉、审判等各环节，全面贯彻罪刑法定、疑罪从无原则，杜绝有罪推定立案办案，防止随意改变和追加罪名。二是在提审和重审案件中，对存在改变罪名情况的，对改变罪名的理由及程序进行重点审查。三是以发展眼光客观看待、依法妥善处理改革开放以来民营企业发展过程中存在的不规范问题，严格遵循法不溯及既往、从旧兼从轻等原则公正处理，不能任意翻旧账。四是建立和完善律师全程介入制度，凡对当事人采取强制措施的，就要依法保障律师介入的权利。

（八）建立督察机制，狠抓习总书记民营企业座谈会讲话精神落实

2018年11月1日，习总书记在民营企业座谈会上的讲话发表以来，中央和各地相继出台了一系列政策举措。民营企业普遍欢欣鼓舞，充满期待，国务院各部委、各地方政府积极贯彻和落实讲话精神，密集出台了一系列支持民营经济发展的政策措施，针对性强，推进有力有序，形成了良好氛围，取得了积极成效，民营企业困难有所缓解，企业家信心有所提振。但是，在政策出台和落实的过程中，还存在一些突出问题，影响了政策措施效果的发挥。一是政策效果差异较大、不够均衡；二是存在重文件出台轻具体落实的情况；三是部分政策措施重应急轻长效；四是在政策实施手段上重行政轻市场。

在2019年秋季“大成企业首脑沙龙”上，企业家们表示，习总书记提出的政策措施非常具体也非常明确，但是一些部门和地方在执行过程中还有不到位的地方，营商环境的改善成效不够显著。最近国务院颁布的《优化营商环境条例》非常好。但是最关键的是这些政策措施能不能有效地落实和执行。有企业家表示，在落实支持民营企业政策方面，还存在“三多三少”的现象，即“说得多，文件多，口号多”“落实少，细则少，兑现少”，中央好的政策并没有很好地得到落实，还有相当部分的政策“红利”被监管给稀释了，民营企业获得感不强。

企业家们建议，中央和地方要建立健全督察机制，对习总书记民营企业座谈会讲话精神落实情况进行巡视和督办，把总书记的讲话精神真正落实下去，促进民营企业发展的环境有大的改善，实现我国民营经济新一轮的大发展。

（九）营造良好发展环境，不断降低民营企业各类风险

在2019年秋季“大成企业首脑沙龙”上，企业家们表示，受我国经济下行压力加大，中美贸易摩擦等国内外多重因素影响，民营企业经营普遍较为困难，面临较大不确定性。2019年是我国民营企业，特别是大型民营企业比较艰难的一年，面临着很多的挑战和风险。一是国内经济下行压力的挑战，二是中美贸易战的挑战，三是民营企业融资难、特别是发债难的挑战，四是资本市场持续低迷的挑战。

华立集团董事局主席汪力成表示，中美贸易摩擦对中国经济，对民营经济，尤其是对制造业所带来的真正冲击和负面影响，还没有真正显现。贸易摩擦所带来的将是国际贸易环境的改变，以及国际分工改变，民营企业对此要有充分的思想准备，要在中国的供应链体系被全球化的供应链体系替代之前，及早谋划，抓紧做好企业转型升级和全球化的布局。

时代集团总裁王小兰表示，习总书记十分重视清理拖欠民营企业和中小企业账款问题，最近，工信部起草的《及时支付中小企业款项管理办法》（以下简称《办法》）正在向社会征求意见，尽管《办法》还有很多值得修改的地方，但《办法》的出台还是受到了社会的普遍认可。解决政府部门和大企业拖欠民营企业和中小企业账款问题，光立法还不够，必须要建立长效机制。要有一系列的辅助措施，包括司法速调、金融品种支持，等等。建议通过发行精准清欠债（或清欠票据）等方式，鼓励地方政府及国企把债务显性化，通过专项支付或层层背书的方式，解决历史遗留的清欠问题。同时，要以此问题为抓手，倒逼政府在投资管理、预算周期等方面的体制改革。比如，政府项目投资计划必须与预算密切衔接，未纳入当年财政预算的项目一律不得招标，更不得开工等，从源头上解决资金不落实的问题。

在2019年秋季“大成企业首脑沙龙”上，有企业家表示，2018年由于股市下挫，上市公司股权质押平仓的风险非常大。尽管当前企业股权质押平仓的风险有所缓解，但由于银行股权抵押贷款门槛不断提高，上市企业续贷款难问题非常突出。在这种特殊的环境下，建议银行给上市公司一定的调整时间，对那些经营状况良好、业绩突出的上市公司的股权质押，能够维持2～3年的质押条件不变，这样既不会给银行带来坏账，又能够给企业带来一定的有预期的调整机会，避免风险事件的发生。

还有企业家表示，要鼓励和发展民营资产管理公司。当前，四大资产管理公司和地方的资产管理公司服务民营企业的职责和能力非常有限，所以急需通过市场化手段，鼓励和发展更多的民营资产管理公司，高效集中处置民营企业的不良资产，避免因民营企业坏账止损不及时而蔓延产生的危机，稳定经济和金融秩序。

企业家们建议，一是建立长效机制，解决政府及大企业拖欠问题，减轻中小民营企业应收账款风险；二是多措并举，稳妥纾解上市公司股权质押平仓风险；三是鼓励和发展民营资产管理公司，助力民营企业化解债务危机。

（十）2019年“大成企业首脑沙龙”上问卷调查中民营企业家的政策期盼

1. 总书记讲话以来，民营企业融资、涉企政策执行方式、政商关系、民营企业家的安全感、公平竞争环境的对比情况

民营企业融资的总体状况，52.9%的企业家认为有所改善，41.2%的企业家认为没有变化。解决民营企业融资难题应重点从何入手，84.3%的企业家认为是一视同仁，消除对民营企业的歧视性做法，70.6%的企业家认为是建立市场化长效机制，防止政策短期化、行政化，60.8%的企业家

认为是增加民营企业中长期信贷规模，56.9%的企业家认为是扩大民营企业直接融资比重。

涉企政策执行方式同之前相比，58.8%的企业家认为有所改善，25.5%的企业家认为没有变化。

政商关系同之前相比，47.1%的企业家认为有所改善，29.4%的企业家认为没有变化，19.6%的企业家认为改善较大；关于优化政商关系方面，政府需重点解决的问题，88.2%的企业家认为是部分干部不作为、少作为，82.4%的企业家认为是部分地方政府诚信缺失，新官不理旧账，78.4%的企业家认为是部分干部接触民营企业家有顾虑，“清”而不“亲”。

民营企业家的安全感同之前相比，58.8%的企业家认为有所增强，29.4%认为没有变化。关于优化民营企业发展法律环境需重点改进的，92.2%的企业家认为要真正做到各类市场主体法律面前一律平等，76.5%认为贯彻“罪刑法定，疑罪从无”原则，76.5%认为审慎对企业家采取强制措施，降低对涉案企业经营的不利影响，54.9%认为以发展眼光来看待问题，贯彻“法不溯及既往”原则。

民营企业公平竞争环境同之前相比，54.9%的企业家认为有所改善，27.5%的企业家认为没有变化。

2. 关于当前民营企业发展的主要成本压力

84.3%的企业家认为是税收成本，80.4%的企业家认为是融资成本，66.7%的企业家认为是工资成本，56.9%的企业家认为是社保成本，各有31.4%的企业家认为是土地成本和环保成本。对总书记讲话以来减税降费政策力度的满意程度，41.2%的企业家认为未达预期，35.3%的企业家认为比较满意，21.6%的企业家认为非常满意；关于下一步减税降费的重点，有90.2%的企业家认为是企业所得税，有86.3%的企业家认为是增值税，有39.2%的企业家认为是房地产税，有37.3%的企业家认为是土地使用税。

3. 总书记讲话以来，关于民营企业发展环境的变化

53.7%的企业家认为有所改善，35.2%的企业家认为基本未变。企业家们建议，要加大改革力度，打造公平竞争的营商环境，助力企业化解风险。关于落实总书记重要讲话精神，仍需重点落实哪些措施，72.2%的企业家认为是融资上各类所有制企业一视同仁，57.4%的企业家认为是实施更大范围的减税措施，50%的企业家认为是支持民营企业发债和股市融资，48.1%的企业家认为是加强民营经济的理论创新和建设，44.4%的企业家认为是加大清理政府、大企业拖欠中小企业款项力度。

4. 关于降低企业风险，政府部门应重点加大哪些措施力度

75.9%的企业家认为是保持政策协调性、稳定性和连续性。

5. 关于当前企业遇到的最突出困难

57.4%的企业家认为是融资难、资金链紧，55.6%的企业家认为是融资成本太高。